Alles, was es zu finden gibt.

Von dem Autor sind bereits folgende Titel erschienen:

- Peace Love And Positivity. A message to the world (9789403621807)
- Ein Freigeist, ein Bleistift und ein paar Blatt Papier (9789403644066)
- Normen (9789403696447)

Über den Autor:
Erik Hagemann ist angehender Gesundheitswissenschaftler, Autor, Fitnesstrainer und Podcast-Host.

Alles, was es zu finden gibt.

Erik Hagemann

Impressum

Copyright: Erik Hagemann

Jahr: 2024

ISBN: 9789403746845

Lektorat/ Korrektorat: Ricarda Sinsel, Erik Hagemann

Illustrationen: /

Covergestaltung: Erik Hagemann

Weitere Mitwirkende: Ricarda Sinsel

Verlagsportal: Bookmundo.de

Gedruckt in Deutschland

Die Deutsche Nationalbibliothek verzeichnet diese Publikation in der Deutschen Nationalbibliografie.

If you are guided by the spirit of honest inquiry and every word you say is reflective of what you believe to be the truth, then the pathway that you walk on is a golden pathway to success.

Jordan B. Peterson

Inhalt

Vorwort

1

Bevor Hagemann seine erste Titelidee “Kunst und Kultur” verwarf, war bereits einige Zeit in die Erstellung dieses Buchs geflossen. Eindeutige Rückschlüsse auf die Hintergründe sind nicht zu ziehen, doch es erscheint naheliegend, dass die Inhalte sich im Laufe der Zeit immer mehr verdichteten, sodass ein neuer Titel, welcher besser diese Inhalte verkörperte, unabdingbar wurde (für einzelne Essays ist der alte Titel sehr wohl passend). Besonders das Wort “Kultur” wurde dem fortschreitenden Inhalt nicht mehr gerecht. Zumindest nicht unter dem Gesichtspunkt, dass Hagemann die Kultur nicht als solche inhaltlich miteinbezieht. Der Fokus auf das Individuum wuchs heran und die Auswirkungen auf die Kultur insgesamt rückten in den Hintergrund. Dies ist unter anderem dem Stil geschuldet, zu dem sich Hagemann in diesem Werk verschrieben hatte. Hagemann selbst bezeichnet seine Kapitel als “Essays”, zu deutsch “Aufsätze”. Ohne besonderes Wissen, noch dazu das fehlende Interesse, dieses zu erlangen, legte Hagemann fest, dass dieses Werk aus Aufsätzen bestehen solle und das dies die richtige

Bezeichnung sei. Diese Struktur machte es nicht möglich, die weitreichenden Bedeutungen seiner Inhalte auf die gesamte Kultur zu übertragen, sodass das Indivduum als eine Art Charakter, stetiger Begleiter und Adressat der Aufsätze auftritt. Praktisch bedeutet dies, dass es der einzelne Leser, die einzelne Leserin ist, die Hagemann direkt anspricht. Und dies nicht nur metaphorisch, sondern auch wortwörtlich. "Sie" ist ein häufig zu lesendes Wort. Hagemann scheint das Individuum zu schätzen und schreibt ihm die Fähigkeit zu, Einfluss auf die Kultur zu nehmen. Die Auswirkungen auf die Kultur sind demanch nicht verschwunden, sondern wurden kondensiert auf das Individuum zugeschnitten, da es die Individuen sind, die eine Kultur formen.

2

Was oft der verspäteten oder postmortem Veröffentlichung weiterer Texte geschuldet ist, wurde dieses Werk von Anfang an von Hagemann als Zweiteiler geplant. Es ist nicht genau auszumachen, doch es scheint, als wären die beiden Teile nicht unabhängig voneinander entstanden. Auf Datum- und Zeitangaben, wie Hagemann sie in seinem Buch "Ein Freigeist, ein Bleisstift und ein paar Blatt Papier" nutzte, verzichtete Hagemann. Sie wären im Kontext dieser Texte durchaus denkbar gewesen. Daher ist nur mutzumaßen, dass nicht ein Teil vor dem anderen fertig wurde und vielmehr davon auszugehen, dass beide Teile sich stetig mit Aufsätzen füllten. Des Weiteren ist nicht erkennbar, dass die Aufsätze chronologisch angeordnet sind, sondern von Hagemann im Nachhinein so geordnet wurden, wie sie heute vorzufinden sind.

3

Auch wenn die Schule es nicht schaffte, die Liebe zur Literatur zu forcieren, fand die Literatur auf ihre eigene Art den Weg in Hagemanns Herz. Wie die meisten Menschen brauchte auch Hagemann nicht von Musik und Filmen überzeugt zu werden. Die Liebesbeziehung zu den großen vier der Kunst (Literatur, Musik, Film und bildende Kunst) wurde kurz vor Beginn dieses Werks vervollständigt. Sein Besuch der Toskana im Sommer 2023 lässt sich in zwei Aufsätzen erkennen. In Rahmen der Erstellung dieses Vorwortes wurde seine in Florenz entdeckte Begeisterung für gemalte Kunst bestätigt. Nicht verwunderlich ist daher die baldige Aufnahme der Schreibarbeit für dieses Werk. Des Weiteren ist als weitreichende Inspiration die Arbeit von Jordan B. Peterson zu nennen, die Hagemann zwar nicht direkt erwähnt, aber implizit durch Zitieren deutlich wird. Vielmehr zieht Hagemann seinen Hut, indem er keine Erwähnung Petersons einräumt, da er davon ausgeht, dass Petersons Arbeit sicherlich Vorzug vor seinen eigenen Werken erhält. Dies schmälert Hagemann in keinerweise, sondern lobt ihn viel mehr in seiner Demut.

4

Dieses Werk wurde sorgfälltig mit Anmerkungen ausgestattet. Fühlen Sie sich nicht nur ermutigt, sondern höflich aufgefordert, die Anmerkungen nicht zu ignorieren, da diese enormen positiven Einfluss auf Ihre Leseerfahrung haben werden. Zudem sollten Sie sich stets vor Augen führen, dass es stets Essays sind, die Sie lesen und keine vollumfassenden Abhandlungen zu den jeweiligen Themen. Nutzen Sie die Ausführungen unter anderem, um mit sich selbst ins Gespräch zu kommen. Komplementär zu den Inhalten dieses Buches, ist Hagemanns Podcast "Die Heldenreise" zu empfehlen.

Vorwort des Autors

Spätestens wenn man vor einem grandiosen Gemälde steht und mit offenem Mund staunt, kann man sich selbst nicht mehr als weltlich bezeichnen. Es ist möglich, es beim Staunen zu belassen und weiter seines Weges zu gehen, aber diese erfahrene Ehrfurcht lässt sich nicht bestreiten. Hier jedoch gehen wir über das Staunen hinaus. Ein Bild ist nicht nur ein Bild, ein Buch nicht nur ein Buch. Tiefgreifende Ideen und Wahrheiten stecken in den Kunstwerken, die nur darauf warten, entdeckt zu werden. Es ist an uns, das Leben in vollen Zügen zu genießen und dazu gehört es auch, die Potentiale aus den Kunstwerken unserer Ahnen zu schöpfen. Gute Filme oder ein Klassiker von Oscar Wilde tragen mehr in sich als die reine zeitvertreibende Natur ihrer Art. Sie haben die Macht uns tiefer zu bewegen[1].

Es bedarf keiner spirituellen oder religiösen Exzentrik, sondern lediglich die volle Bereitschaft sich zu öffnen und der Wille zu empfangen, was an

---

[1] In Hagemanns Randnotiz findet sich folgendes Zitat: *One reads poetry because he is a member of the human race, and the human race is filled with passion. Medicine, law, banking-these are necessary to sustain life. But poetry, romance, love, beauty? These are what we stay alive for!* Dieses Zitat nahm Hagemann aus seiner Ausgabe des Buchs *Dead Poets Society* von N. H. Kleinbaum (1989).

uns ausgesandt ist. Zu sehen ist es für jeden mit offenen Augen. *Bittet, so wird euch gegeben; suchet, so werdet ihr finden; klopfet an, so wird euch aufgetan.* Matthäus 7:7.

Nun haben viele Menschen eine neutrale Haltung zur Bibel. Immer mehr Menschen bezeichnen sich als spirituell und weniger als religiös im klassichen Sinne. Man glaubt schemenhaft an ein höheres Wesen, empfindet die in der Bibel erzählten Geschichten jedoch als ausgedachten Humbug. Dies möchte ich nicht beurteilen, doch keineswegs kommt es für mich in Frage, die Bibel vollends als Märchenbuch zu verwerfen. Vielleicht wurde Jona[2] tatsächlich von einem großen Fisch verschlungen und aufgrund seiner Reue nach drei Tagen wieder befreit. Ganz sicher bin ich mir zu sagen, dass ein zweiter Blick, welcher nicht auf den Realismus dieser Geschichten achtet, imense Potentiale birgt. Nach einmaligem Hinsehen den Blick völlig abzuwenden erscheint mir zumindest töricht. Man muss kein Christ sein, um in der Bibel Wahrheiten zu entdecken. Schlussfolgerungen für das Leben, welche in den Geschichten zum Leben erweckt wurden.

Vieles verarbeitet der Mensch in Träumen. Er abstrahiert seine Erfahrungen, packt sie in eine Geschichte und lernt so mit ihnen umzugehen. Kreative Menschen haben die Fähigkeit, diese

---

[2] Hagemann bezieht sich hier auf *Das Buch Jona* eines der *Bücher der Propheten* in der Bibel.

Erfahrungen in Dingen abzubilden, die außerhalb der Traumwelt liegen. Kunst.
Vielleicht denken Sie, dass Sie all dies keine Auswirkungen auf Ihr eigenes Leben haben werde. Hier wird keine Überzeugungsarbeit auf Sie treffen. Die folgenden Essays erklären und legen dar. Die Argumente und Darlegungen sprechen für sich, sodass es am Rezipienten liegt, diese für sich anzuerkennnen oder nicht. Ich biete lediglich die Potentiale der Kunst dar und lade ein, die Bedeutungen, die diese im Leben haben, zu erkennen. Ihrer Skepsis möchte ich Sie nicht berauben. Falls Sie sich gegen Bibelzitate und philosophische Auseinandersetzung sträuben, weder heute noch in Zukunft den Bedarf sehen, die Potentiale der Kunst zu erfahren, dann gibt es nichts was ich Ihnen anbieten kann. Gehen Sie Ihren Weg wie Sie es meinen.
Meiner festen Überzeugung, dass den Freuden des Lebens Herausforderungen gegenüberstehen, wird ein Ventil frei. Das Leben hat alles zu bieten, mehr als wir uns alle vorstellen können, doch nichts davon wartet in Geschenkpapier eingepackt unter dem Weihnachtsbaum oder ist geldlich zu erwerben. Wie der Schatten die Sonne, so horten die Drachen das Gold der Welt. Manche klein und eher lästig als gefährlich, manche überwältigend in ihrer Größe und

Stärke[3]. Es stellt sich die Frage, ob wir den Mut und die Überzeugung aufbringen zu meinen, dass es ein nobler Weg sei, den Drachen all unsere Macht entgegenzubringen. Die Schlussfolgerung liegt nahe, dass die Bestien das Leben nicht verderben, sondern Anlass geben, zum Helden zu werden und aus dem Leben alles mitzunehmen, was es zu finden gibt.

---

[3] In Hagemanns Randnotiz findet sich folgendes Zitat: *It will take courage. It calls for the doing of great deeds, which means the dreaming of great dreams.* Es stammt von Orson Welles aus der am 11. August 1946 erschienenen Episode der *Orson Welles Commentaries*, aus dem Bit *To be born free.*

Teil I

Am 20. Juni 2019 hat das Netzwerk *TNT* die Verleihung des AFI Life Achievement Award ausgestrahlt. Geehrt wurde Denzel Washington für sein bisheriges Lebenswerk. Seine Rede wurde auf YouTube über 3,4 Millionen Mal angeschaut[4]. Unter #denzelwashington sind über 500.000 Beiträge auf Instagram zu finden. Einen eigenen Account scheint er nicht zu haben und dennoch ist der Schauspieler im Internet sehr präsent. Dies vor allem mit seinen inspirierenden, motivierenden und berührenden Reden und Interviews, die von Menschen hochgeladen und geteilt werden. Die Kunstform, dem Film, in dem Washington zuhause ist, hat keine direkte Verbindung zu der Präsenz, die er in den sozialen Medien einnimmt. Der Regisseur und Produzent hat kulturelle Relevanz durch seine Fähigkeiten vor und hinter der Kamera erlangt. Seine Person rückte durch die Kunst in das Licht der Welt, wo er in keinem Schatten steht. Denn er hat es wie kaum ein anderer aus der Filmindustrie geschafft, Werte und Tugenden in seinen Reden zu vermitteln, die für die Menschen von so großer Bedeutung sind, dass diese es für notwendig halten, diese Werte im

[4] Zu finden auf YouTube: *Denzel Washington Accepts the AFI Life Achievement Award | AFI 2019 | TNT* von *TNT* (21.06.2019).

Internet zu teilen. Washington lebt mit seinen Tugenden in den Reels und YouTube-Shorts in der Internetkultur dieser Welt weiter, ohne einen Bezug zu seiner eigentlichen Profession. Die Kunst des Films transportierte ihn in die Herzen der Menschen, die ihn von dort aus mit der Welt teilen, damit ihn jeder einschließen kann, ungeachtet, ob man einen Film von ihm kennt oder nicht.

Eine Person entscheidet sich der Kunstform des Films hinzugeben. Menschen erkennen die Schönheit dieser Kunst. Die Kunst wird in der Kultur relevant, weil sie sie bereichert. Die Person erlangt aufgrund der Aufmerksamkeit für seine künstlerischen Fähigkeiten, Aufmerksamkeit für seine Person. Durch diese Aufmerksamkeit haben die Menschen etwas Bedeutsames für ihr Leben entdeckt und sich dazu entschieden, die Person an sich als kulturell relevant anzusehen. Sie wird präsent in anderen Kulturblasen, die vorher für sie aufgrund ihrer Profession unerreichbar schienen. Menschen, die Washington nie in einem Film gesehen haben, erfahren ihn und seine Werte in anderen Formaten und lernen ihn darüber zu schätzen. Unter diesen Menschen befinden sich ebenfalls Künstler, die nun wiederum Washington in ihren Kunstformen einsetzen und für eine noch größere Masse verfügbar machen. Der deutsche Künstler Cro nutzte die am Anfang erwähnte Rede von Washington in seinen zwei Liedern »11:« und »11«[5]. Deutscher Hip Hop und amerikanische Filme haben wahrscheinlich nur gemein, dass sie beide Formen des künstlerischen Ausdrucks sind. Es kommt darauf an, was wir als Kultur für wichtig und teilenswert halten. Kunst verbindet. Sie kann die abwegigsten Brücken schlagen und dabei die verschiedensten Menschen erreichen. Deswegen ist sie so mächtig. Sie gibt aber vor allem dem Menschen die Macht, etwas zu schaffen, etwas zu kreieren, was über ihn selbst hinausgeht.

[5] Die beiden Lieder folgen direkt aufeinander im Jahr 2022 erschienen Album *11:11* von *Cro*. Die beiden Lieder lesen sich nebeneinander wie der Albumname.

Literatur und Musik

Gleich wenn diese zwei künstlerischen Ausdrucksformen sich auf vielen Ebenen unterscheiden, haben sie einige Gemeinsamkeiten. Aus der Perspektive eines riesigen Musikfans, der jedoch mit keinem besonderen musikalischen Talent ausgestattet ist und sich der Literatur als seiner Bestrebung verschrieben hat, besitzt die Musik Stilmittel, die in der Literatur schlicht nicht denselben Effekt hervorrufen. Gleichzeitig gibt es vieles in der Literatur, das von der Musik nicht erreicht werden kann. Immerhin sind sie ja zwei verschiedene Arten der Kunst. Doch immer wieder erwische ich mich beim Musikhören dabei, den Wunsch zu äußern, ebenso in meinen Schriften gleichwertig die in der Musik genutzten Stile zu verwenden. Gleichwertig in dem Sinne, dass man dieselbe Wirkung beim Konsumenten erzielt. Vielleicht ist diese Idee idiotisch, weil Musik so viel komplexer ist als die Literatur. Zumindest in dem Sinne, dass in einem Lied nicht nur Worte, sondern auch Instrumente, Melodie, Rhythmus usw. zusammenkommen. Dennoch möchte ich den Versuch wagen, meine Gedanken hierzu aufzudröseln bzw. Beispiele zu präsentieren. Leichte Angst überkommt mich, denn die Ahnung, dass die Musik der Literatur insgesamt in ihrer künstlerischen

Auslebungskraft überlegen ist, versteckt sich wie ein Monster unter meinem Bett. Nun haben Sie keine Möglichkeit zu hören, wie ich diesen Satz wirklich meine. In einem Lied kann er geschrien, geflüstert werden, was dem Künstler Wege gibt, sich klar auszudrücken. Ein Lied ist eine Konversation. In einem Roman muss man am Ende der wörtlichen Rede einen Nebensatz anhängen, der erklärt, wie der Satz ausgesprochen wurde. Das Monster unter meinem Bett war eine Übertreibung meiner Angst, doch es lag in Ihrer Hand, dies zu erkennen. Natürlich ist dies ein toller Aspekt der Literatur, denn dem Leser wird durch den gewissen Interpretationsspielraum eine Freiheit gelassen, die es in der Musik in dieser Form nicht gibt. Aber in der narrativen Literatur brauchen wir keinen Interpretationsspielraum, wenn wir wollen, dass der Bösewicht, bezogen auf seine Konversationen, auch als solcher erkannt wird. »…«, sagte er hinterhältig. Oberflächlich lassen sich diese Unterschiede nicht vergleichen, aber aus einer tieferen, künstlerischen, fast schon spirituellen Perspektive fühlt sich dieser Vergleich für mich dennoch machbar an.
Lesen Sie folgenden Liedtext von Cro *Alice*[6].

---

[6] *Alice* ist 2021 mit dem Album *Trip* veröffentlicht worden.

Der Himmel ist blau
Wo willst du hin?
Lass mich raus
Wo willst du hin?
Der Himmel ist blau
Wo willst du hin?
Lass mich raus
Wo willst du hin?
Der Himmel ist blau
Wo willst du hin?
Lass mich raus
Wo willst du hin?
Der Himmel ist blau
Wo willst du hin?
Lass mich raus
Wo willst du hin?

Erkennen Sie die Konversation? Erkennen Sie den Frust? Erkennen Sie vielleicht Verzweiflung? Oder erkennen Sie, wie ich, sehr wenig, wenn Sie diese sich immer wiederholenden Sätze lesen? Lesen. Im Lied spiegeln die gesungenen Worte eine Konversation wider, die sich zwischen einer sich verzweifelt nach Freiheit sehnenden Person und ihrem Geiselnehmer abspielt. Manchmal stelle ich mir zwei Freunde vor, von denen der eine nicht verstehen kann, weshalb der andere hinaus will und immer wieder nachfragt, wo er hin möchte. Ähnliche Vorstellungen oder Emotionen kommen nicht im Ansatz in mir auf, wenn ich den Text schwarz auf weiß lese. Alliterationen

und Anapher als adäquaten Ausgleich als Stilmittel in der Literatur zu nennen, kann ich nicht anerkennen. Sie sind selten und schwer sinnvoll einzubauen[7]. In der Musik kennen wir Wiederholungen, in welcher Art auch immer, nur zu Genüge. Wie Cro sie jedoch hier einsetzt, ist für mich wahre Kunst.
Diese Anerkennung der künstlerischen Begabung, die ich vielen Menschen zuschreiben möchte, hindert mich daran zu behaupten, dass ich mich ebenfalls in der Musik künstlerisch ausleben könnte. Einzig und allein der Fakt, dass ein Musikalbum durchschnittlich aus zwischen dreitausend und sechstausend Wörtern besteht und ich diese Zahl an veröffentlichten Worten bereits lange übertroffen habe, lässt mich denken, dass ich tatsächlich eine Chance in der Musikbranche hätte. Mehr ist es aber auch nicht, was ich vorzuweisen habe. Ich schätze, diese vergleichenden Gedanken dieser beiden Kunstformen gegenüber sind Audruck meiner Liebe für beide.

[7] Hagemann prahlt hier mit seiner literarischen Fähigkeit, indem er eine Alliteration nutzt, in der er behauptet, diese seien schwer sinnvoll einzubauen. Er jedoch setzte sie sinnvoll ein.

Neu ist immer besser

Eine leichte kleine Bemerkung meinerseits, die auch niemand sonst gehört hat, veranlasste mich, dies zu schreiben. Seit zwei Tagen war ich von meiner viermonatigen Praktikumszeit in Hamburg wieder zuhause. In meiner Wohnung hat niemand gewohnt während ich weg war, außer ein paar Spinnen, die sich ohne Mietvertrag eingenistet haben. Während ich also Spinnenweben und Insekten an ihre unrechtmäßige Einnahme meiner Wohnung erinnerte, lief Musik über die Anlage im Wohnzimmer. Es war Ray Charles mit *I Got a Woman*[8]. Während mich die Melodie und der Groove des Lieds packten, ertappte ich mich dabei, einen Satz gesagt zu haben, von dem ich überzeugt bin, dass ich ihn bereits häufiger gesagt habe: *Die hatten es damals schon drauf.* Ein schnell daher gesagter Kommentar, der als Kompliment nett gemeint war. Doch was spontan gesagt wird, kann auch nicht zu Ende gedacht sein. Behalten wir meinen Kommentar im Hinterkopf.

---

[8] Ray Charles war eine der stilprägendsten Musiker des 20. Jahrhunderts. Die Single wurde 1954 veröffentlicht. Der Song steht auf *Rolling Stone*'s Liste der 500 besten Songs aller Zeiten. Auf der Liste der besten 100 Künstler nimmt Charles den 10. Platz ein.

Bei Markus Lanz[9] in der Sendung diskutierte er einmal mit Richard David Precht und Frank Thelen über Arbeit, Technologien und die Zukunft. In einem Teil der Sendung ging es um die Marktmacht von Unternehmen, die nicht aus Europa kommen. Thelen nennt als Beispiel für eine Chance in Europa den Hyperloop:
Thelen: "*...wir haben so viele tolle Teams, aber warum denn das ganze Geld in die Deutsche Bahn?*"
Lanz: "*Was ist an der Deutschen Bahn jetzt schon wieder schlecht?*"
Thelen: "*Weil das eine Erfindung ist, aus dem Jahre 1822. Die funktioniert noch genauso.*"
Precht: "*Total gute Erfindung.*"
Thelen: "*Ja, aber wir haben jetzt einen Hyperloop. Und der ist total cool, viel besser.*"
Es gibt eine Bewegung, die sich *No-poo* nennt. Ihr geht es um die *Shampoo-Lüge*. Zusammenfassend kann man sagen, dass die Bewegung es nicht für notwendig hält, Shampoo für das Waschen ihrer Haare zu verwenden, da Shampoo viele Chemikalien enthält, die nicht gut für Haare und Kopfhaut sind. Zudem haben die Menschen viele Jahrtausende ohne Shampoo gelebt, sodass das Haar auch sehr gut ohne

---

[9] *Markus Lanz* ist eine Talkshow des ZDF. Sie erhält ihren Namen durch den Moderator Markus Lanz. Premiere hatte die Show am 3. Juni 2008. Der im folgenden zitierte Ausschnitt zu finden auf YouTube: *Richard David Precht über die Zukunft der deutschen Wirtschaft | Markus Lanz vom 21. Oktober 2020* von *ZDFheute Nachrichten* (22.10.2020).

auskommt. Ein Video aus den USA hat über sieben Millionen Aufrufe.
Die einen wollen Fortschritt, die anderen wollen ein wenig zurück (wenn man das so überspitzt in diesem Kontext überhaupt sagen kann) und ich sage, dass es Ray Charles damals schon richtig draufhatte, so als ob man eigentlich nur in der heutigen Zeit kompetent sein könnte.
Ich beobachte eine gewisse, nennen wir es Arroganz, die, wie ich denke, mit einem Schuss Gegenwarts-Bias dazu führt zu denken, dass die Menschen, die vor uns gelebt haben, uns intellektuell unterlegen sind. Wir haben Handys und das Internet, Informationen überall um uns herum. Technologien und künstliche Intelligenzen, die uns Arbeit abnehmen. Wir arbeiten weniger Stunden als die Menschen vor uns, wir sind reicher und klüger. Nun, es stimmt, dass wir weniger arbeiten und mehr Geld haben als früher. Aber sind wir wirklich klüger? Lernen wir aus der Vergangenheit und begehen nicht die Fehler, die wir in der Vergangenheit erkennen? Zur *No-Poo*-Bewegung gibt es natürlich auch zweifelnde Stimmen. Warum sollte man sich auch mit einem Stück Seife waschen, wenn wir moderne Mittel für jeden Haar- und Hauttyp haben?
Ziehen Sie die Möglichkeit in Betracht, dass Dinge, die es seit vielen Jahrhunderten gibt, keine einfach zu verunglimpfenden Sachen sind. Ihre Urgroßmutter hat sich mit einem Stück Seife gewaschen. Glauben Sie, ihr war es komplett egal, wie sie aussah und

roch? Hatte sie keine Würde und kein Schönheitsideal? Waren die Menschen damals nicht um ihre Hygiene bedacht? Haben sie keine würdigen Gedanken in die Entwicklung von Seifen gesteckt und sie über die Jahrhunderte verbessert?
Wir blicken von oben auf die Vergangenheit herab. Diese Idioten haben damals Tiere verbrannt und geopfert, um irgendeinen Gott um einen Gefallen zu bitten. Nun, wären die Menschen damals Idioten gewesen, wären wir heute nicht hier, sondern ausgestorben. Ziehen Sie die Möglichkeit in Betracht, dass die Menschen damals etwas wussten. Eine Art universelle Wahrheit. Eine Wahrheit, die nicht in Worte zu fassen war. Damals waren es Taten, Malereien, Bauten, die wir heute nicht erklären können. Seit Jahrhunderten schreiben wir Geschichten, machen Musik, schreiben Theater und Drehbücher. Eine universelle Wahrheit, die nicht in einem Aufsatz erklärt werden kann. Wir müssen uns anderer Mittel bedienen, um sie zu vermitteln. Wir erklären nicht in einem Aufsatz, was wahre Freundschaft bedeutet und wie sie im Detail genau ausgestaltet ist. Wir schreiben Bücher wie *Harry Potter* (J. K. Rowling, 1997-2007) oder drehen Filme wie *Ziemlich beste Freunde* (O. Nakache & E. Toledano, 2011) und erklären wahre Freundschaft auf diese Weise. In uns scheint es eine angeborene Fähigkeit zu geben, die es uns möglich macht, aus diesen Methoden der Kunst die Essenz zu erkennen. Wir erklären unseren Kindern nicht die Freundschaft,

indem wir eine wissenschaftliche Vorlesung halten. Kinder lesen Geschichten oder schauen Serien. Dort wird ihnen über einen langen Zeitraum Freundschaft auf verschiedenen Ebenen und Wirkungsweisen näher gebracht.
Bibel, Koran, Shakespeare, Tolkien, Dostojevsky. Alte Texte mit immer noch währender Relevanz. Sie sprechen mit uns, verraten uns Dinge auf eine Art und Weise, die eingängiger scheint als jede andere Lernmethode, die in der Schule angewandt wird. Peter Pan, Pinocchio, Dornröschen. Ich habe viele Bücher gelesen und es gibt sicherlich spannendere und bessere Geschichten als diese, doch irgendetwas hat diese Geschichten über Jahrhunderte durch die Menschen weitertragen lassen. Sie sprechen mit uns, sagen etwas aus, wonach der Mensch zu suchen scheint. Ich habe ein tolles Buch über Revolution, Machtgefüge und Gesellschaftsordnung gelesen. Es zeigt, wie schnell es Propaganda und Falschinformationen in Verbindung mit charismatischen Charakteren schaffen können, eine Demokratie in einen totalitären Staat zu verwandeln. *Farm der Tiere* von George Orwell (1945) ist wirklich nur zu empfehlen.
Das Beispiel Deutsche Bahn zeigt aber auch, dass es berechtigt ist, alte Strukturen in Frage zu stellen. Kritisches Denken ist eine Qualität von unschätzbarem Wert und sollte stets gefördert werden. Einseitiges Denken, ohne die Beachtung von anderen Möglichkeiten, ist keineswegs zu

befürworten. Denn dies würde für einen Teil der Bevölkerung dazu führen, dass sie denken, jede Erfindung der Moderne würde eine eindeutige Verbesserung zu früheren Umständen darstellen. Ein anderer Teil der Bevölkerung würde denken, dass jede neue Erfindung nicht notwendig ist, da es schon eine Lösung aus vergangenen Tagen dafür gibt. Beide Parteien würden zu bestimmten Zeitpunkten recht haben. Aber wenn die gesamte Bevölkerung kritisch denkt, dann erkennt sie das Gute und Schlechte in Vergangenheit und Zukunft. Sie müsste sich nur über die beste Lösung streiten und nicht noch zusätzlich um ihre eingenommene Position auf dem politischen Spektrum.

Wir verstehen die meisten Dinge nur bis zur Oberfläche. Wie funktioniert ein Helikopter? Naja, die Propeller drehen sich und erzeugen einen Schub nach unten, der den Flugkörper in die Lüfte hebt. Oberflächenwissen. Dies portraitiert Tom Böttcher in seinem Zeitreise-Sketch, der auf Instagram mehr als 2.7 Millionen Aufrufe hat. *Wir leben in dem konstanten Irrglauben, dass wir den Menschen, die vor uns gelebt haben, uns intellektuell überlegen sind, aber das Gegenteil ist der Fall*[10]. Wir verstehen die meisten Dinge nur bis zur Oberfläche. Verzweifeln Sie nicht daran. Sie haben sehr wahrscheinlich, zumindest hoffentlich, in

[10] Zu finden auf YouTube: *Zeitmaschine.. Short* von *Tom* (06.07.2024).

anderen Gebieten ein sehr detailliertes und wertvolles Wissen. Den Internetgenerationen wird häufig vorgeworfen, von der Lebensrealität abzudriften. Meine Erwiderung: Ja, das kann man so sagen. Aber eine Einschränkung muss ich dem hinzufügen. Die Internetgenerationen wurden genau von den Menschen großgezogen, die sie nun kritisieren. Die Generation weiß vielleicht nicht mehr, wie ein Zimmer tapeziert oder eine elektrische Leitung gelegt wird, aber nur weil die Eltern aus der Boomergeneration es ihnen nicht gezeigt haben. Eltern haften für ihre Kinder; das gilt hier genauso wie auf dem Spielplatz.

Ziehen Sie die Möglichkeit in Betracht, dass Menschen vor Ihnen schlauer waren und bereits mehr Gedanken in bestimmte Lebensaspekte gesteckt haben als Sie. Denken Sie also nicht, dass Sie automatisch einen Vorsprung haben, nur weil Sie heute leben und nicht gestern.

König und Tyrann – ein schmaler Grat

Viva la Vida ist ein im Jahr 2008 veröffentlichter Song von der Band Coldplay. Den Text in seiner Gänze zusammenzufassen wird nicht meine Aufgabe sein[11]. Das lyrische Ich ist der neue König, nachdem der alte gestorben ist. Nur ein Blick auf ein Königreich, welches nicht unbedingt mit Ruhm und dergleichen zu beschreiben ist. Der neue König lebt in einer Welt, die ihm nicht gefällt, nicht gefallen kann. Doch er ist König. Er hat eigentlich die Macht, alles zu verändern. Aber er schafft es nicht. Er trägt als König die Verantwortung und wenn er sie nicht übernimmt, ist er geliefert. Die Menschen trachten nach seinem Leben. Wer will da schon König sein?

Der neue König mag große Ambitionen gehabt haben. Doch seine Pläne sind auf Sand gebaut. Wie aber? Er ist der König, die mächtigste Person im ganzen Land. Er gibt das Wort und danach wird gehandelt. Doch diese Macht kommt mit der Bürde der Verantwortung. Die Revolutionäre warten auf den einen falschen Schritt, der den König zu Fall bringt. Wer will da schon König sein? Denn es

[11] Ein kleiner Wink an die Lesenden sich den Liedtext zur Seite zu legen, da er für das Textverständnis unabdingbar ist.

scheint, dass die höchste Position in der Welt einen nicht mit den Möglichkeiten ausstattet, die Welt zu verändern. Die Lösung unserer Probleme liegt also vielleicht nicht in der vermehrten Ansammlung von Geld und Macht, sondern vielleicht eher in den, im Vergleich zum König, klein erscheinenden Revolutionären, die keine große einzelne Macht haben, sondern große kumulierte Macht.

Wer hat sich nicht schon einmal vorgestellt, wie all seine Probleme verschwinden, nur durch eine Veränderung. Vielleicht heißt diese Veränderung mehr Geld, mehr Einfluss oder Ähnliches. Vielleicht denken Sie, dass ein Gewinn im Lotto all Ihre Probleme lösen wird. Aber was lässt Sie denken, dass Sie Millionenbeträge managen können, wenn Sie nicht einmal Ihr viel kleineres Budget im Griff haben? Vielleicht denken Sie, wenn endlich alle auf Sie hören würden, alle Ihren Tipps und Anweisungen folgen würden, dann würde das Leben eine bessere Richtung einschlagen. Doch Sie folgen ja nicht einmal Ihren eigenen Ratschlägen. Plus, inwiefern sind Ihre Ratschläge auf Erfolg geprüft? Inwiefern sind Ihre Taten mit signifikanten Errungenschaften gekennzeichnet?

Ich darf davon ausgehen, dass Sie ein ungefähres Bild im Kopf haben, vielleicht von einem Film, einer Serie oder einem Cartoon. Das Bild eines Königs und wie dieser von seinem Narren unterhalten werden möchte. Zu gerne wird der Narr zu Tode verurteilt, weil der eine Witz nicht ganz so gut ankam. Ein

König, der den Narr nicht aushält, ist ein Tyrann. Wer kann als Einzelperson ernsthaft behaupten, dass es manche Dinge gibt, über die man keine Witze machen sollte?
In a king´s court the fool is the only one who can tell the truth. Right? Thats the purpose of the fool. If the king can´t stand the fool, then he´s a tyrant. And thats on eof the best ways you can tell if people are fundamentally tyranical. ´That comedian should be shut down. How dare he say that?´It´s like, oh yeah, okay, we know who you are. You´re not the fool. You´re not the comic. You´re the tyrant.[12]

Ziehen Sie die Möglichkeit in Betracht, dass Sie nicht die gute Person sind, die Sie glauben zu sein. Ziehen Sie die Möglichkeit in Betracht, dass Ihre Taten nicht so nobel und gut durchdacht sind, wie Sie es meinen. Ziehen Sie die Möglichkeit in Betracht, dass in Ihnen etwas schlummert, was Sie nicht zu dem tollen Menschen macht, den Sie vorgeben zu sein. Über das Buch *Ganz normale Männer*[13] werde ich einen eigenen Essay schreiben.

---

[12] Mit diesem Zitat endete Hagemanns Überarbeitung des Buches. Zu finden auf YouTube: *Jordan Peterson on Cancel Culture, Comedy, and His Battle With Depression | The Russell Howard Hour* von *Russel Howard* (04.12.2021).

[13] Gemeint ist das Buch *Ganz normale Männer. Das Reserve-Polizeibataillon 101 und die „Endlösung" in Polen* von Christopher Browning. Der Originaltitel des 1993 veröfflichten Buches lautet: *Ordinary Men. Reserve Police Battalion 101 and the Final Solution in Poland.*

Engineered by Google

Eine Werbung für das Google Pixel 8 hat mich auf zwei Arten fasziniert. Erstens erschienen mir die Funktionen des Handys sehr fortschrittlich. Die Qualität der Fotos, die dieses Smartphone schießt, ist für mich als Laien beeindruckend. Aber viel mehr hat mich die Funktion beeindruckt, Bilder wie in Photoshop zu bearbeiten. Gefällt einem der eigene Gesichtsausdruck nicht oder schaut jemand in die falsche Richtung, dann ist mit ein paar Klicks ein neues Gesicht gezaubert. Auch der Radiergummi lässt unerwünschte Objekte im Bild schnell verschwinden. Mir waren die sehr guten Filter und Bildbearbeitungsprogramme bekannt, die vor allem dazu dienen, ein falsches Bild von sich im Internet zu verbreiten, damit Fremde im Internet von einem beeindruckt sind. Der billige Akt der Selbstsabotage wird durch neuere Technologien immer einfacher. Außerdem wird er durch Werbung aktiv beworben. Aber viel mehr sind es die sozialen Medien, die mit ihren Influencern oft nichts anderes als eine falsche Welt vorleben. Vielleicht ist eine Welt komplett ohne Filter genau die gleiche Welt wie mit Filter. Wenn der eine im Spiel mogelt und danach alle mogeln, ist das Spiel ja wieder fair. Aber glauben Sie nicht, dass dabei nicht etwas verloren geht bzw. wir dabei nicht etwas opfern.

Mit der Verschiebung der Realität in eine digitalere gerät die analoge immer mehr in den Hintergrund. Dank der schnellen Entwicklung der künstlichen Intelligenz kann ich jetzt mit einem Fake Tom Brady chatten. Die Notwendigkeit, sich analoge Freunde zu suchen, scheint zu schwinden. Selbstbestätigung und Dopamin wird im Internet geholt. Für die Gerechtigkeit auf der Welt wird als Keyboard-Aktivist mit Kommentaren und Tweets gekämpft. Wenn es einem schlecht geht, wird einfach ein paar Stunden durch den TikTok-Feed gescrollt, bis einen die analoge Welt konfrontiert und das schlechte Gewissen einen plagt, wieder mehrere Stunden verschwendet zu haben. Der Bildschirm klebt wieder vor der Nase, um die neuen Sorgen zu vergessen. Den Teufelskreis erkennt aufgrund der neu gewonnenen Kurzsichtigkeit kaum einer. Passt der Mensch nicht auf, dann ist nicht nur sein Handy, sondern auch er selbst *engineered by Google.*

Finanzielle Freiheit und Hustle Culture

Die Hustle Culture beschreibt eine Bewegung, die eine bestimmte Gruppe von Menschen anspricht. Im Kern steht der Glaube an harte Arbeit, das Investieren von viel Zeit und Energie in berufliche Ziele, die Optimierung der eigenen Produktivität und des Strebens nach finanziellem Erfolg. Oft werden unzählige Stunden gearbeitet, um möglichst schnell finanzielle Freiheit zu erlangen. Ein Bewusstsein für Burn-Out scheinen die Anhänger dieser Kultur nicht zu haben, es sei denn, sie haben bereits eine Risikobewertung vorgenommen. Ehrgeiz, eine hohe Arbeitsmoral und der Wille, alles Nötige für den Erfolg zu tun, werden der Hustle Culture zugeschrieben. Filme wie *Wolf of Wall Street* (Martin Scorsese, 2013) oder *American Psycho* (Mary Harron, 2000) werden gerne geschaut.

Auf der anderen Seite des Extrems existiert eine Bewegung, die sich nicht unter einen einzigen Begriff fassen lässt. Natürlich sind nicht alle Menschen der Hustle Culture gleich, genauso wenig wie alle Anhänger der *Self-Care und Self-Love Culture*. Hier geht es um Selbstakzeptanz und die Ablehnung von Stress. Gesichtsmasken, ein entspannendes Bad und das Lesen eines guten Buches im Kerzenschein

können Teil der Self-Care-Routine sein. Die Menschen sagen gerne aus Eigeninteresse *Nein*.
Die Pauschalisierung der Generation Z als faul und arbeitsunwillig, scheint ebenso plump und unangebracht zu sein, wie jede andere Pauschalisierung. Es ist vielleicht ein ironischer Vergleich, aber da ich besonders diese beiden Gegenspieler auf den sozialen Plattformen erlebe, halte ich ihn für angemessen. Diese beiden Kulturen lassen sich, wenn auch pauschalisiert, mit zwei groben politischen Lagern vergleichen, die die Jugend in den sozialen Medien zu dominieren scheinen: Die Hustle-Culture und die Christian-Lindner-Fans auf der einen Seite, die linksgrün geprägte *Self-Care und Self-Love* Culture auf der anderen Seite. Die einen kritisieren die Armut der anderen, die anderen verachten die *der Markt regelt alles* Mentalität. Die oft als *linksgrün versiffte* betitelte Satiresendung *Heute Show* bestätigte die *der Markt regelt alles* Mentalität der FDP im Kontext der Niederlagen und Prozentverluste in aktuellen Landtagswahlen.
Aber genug davon. Es geht ja um die Idee der finanziellen Freiheit. Finanzielle Bildung ist in unserer Kultur angekommen. Deutschlands größter Finanz-YouTube-Kanal hat über 1,1 Millionen Abonnenten[14]. Der Kanal vertritt keine der beiden beschriebenen Kulturen und ist meiner Meinung nach sehr objektiv

---

[14] Gemeint ist hier der YouTube-Kanal *Finanzfluss*.

und selbstreflektiert. Die Forderung der Generation Z nach mehr Work-Life-Balance scheint auf mehreren Aspekten zu beruhen. Diese Generation stellt vermehrt die Sinnfrage und sucht nicht unbedingt nach großem Geld, sondern nach einem schönen Leben unabhängig vom Geld. Die gesetzliche Rente offenbart sich für junge Menschen als Reinfall. Dies wirft die Frage auf: *Warum 45 Jahre bei einem unbefriedigenden Job schuften, nur um am Ende nicht viel dafür zu erhalten?* Das Glück wird nicht mehr im Ruhestand gesucht, sondern in der Gegenwart. Nicht mehr zu arbeiten und dennoch genug Geld jeden Monat zu haben ist eine Idee, die wir normalerweise mit der Rente in Verbindung bringen. Jedoch möchten junge Menschen nicht bis zum Alter von über 60 Jahren warten, um diesen Status zu erreichen. Das Konzept der finanziellen Freiheit verspricht genau das: Man baut ein bestimmtes Vermögen auf, das am Kapitalmarkt angelegt ist und dank der erwirtschafteten Zinsen einige Jahre hält, selbst wenn etwa vier Prozent davon jährlich verzehrt werden. YouTuber Niklas Steenfatt stellt in einem Video die Idee der finanziellen Freiheit herausfordernd in Frage[15]. Die zentrale Frage lautet, was wir wirklich wollen und warum wir dafür finanziell unabhängig sein müssen.

[15] Zu finden auf YouTube: *Die Illusion der finanziellen Freiheit* von *Niklas Steenfatt* (15.10.2023).

Sachlich hinterfragt er die Ambitionen der Zuschauer und regt zum Nachdenken an.

Das Fingerzeigen auf Menschen ist ein Indikator für viele Aspekte, die wir mit etwas Negativem verbinden. Objektives Denken und Herausfordern von Meinungen, mit dem Ziel, einen guten Weg in die Zukunft zu finden, repräsentieren einen erwachsenen Ansatz, den wir anstelle des Fingerzeigens anwenden sollten.

Das wäre eine gute Idee

Deutschlands derzeit prominentesten Philosoph Richard David Precht, stimme ich in seiner Beobachtung zu, dass wir uns von einer Arbeits- und Leistungsgesellschaft hin zu einer Sinn-Gesellschaft bewegen. Work-Life-Balance, sinnstiftende Arbeit und ein persönlicher Einfluss auf eine bessere Welt werden auf der Prioritätenliste der Menschen immer wichtiger. Immer mehr Menschen suchen ihre persönliche Rolle in diesem Universum. Die digitale Revolution scheint nicht nur die Technologie, sondern auch die Menschen selbst revolutioniert zu haben. Ältere Generationen stoßen insbesondere bei den jüngeren Generationen auf ein Weltbild, mit dem sie nicht allzu viel anfangen können. Markus Lanz, der einen Podcast[16] mit Precht führt, erntete viel Kritik für seine Aussagen über die Entwicklung hin zu einer *Hafermilchgesellschaft*[17]. Viele Menschen fühlten sich schnell angegriffen, was ironischerweise in

---

[16] Der *Lanz & Precht* ZDF-Podcast erscheint jede Woche und existiert seit 2021.

[17] Hagemann differenziert hier nicht genug aus. Das Wort *Hafermilchgesellschaft* sprach Lanz in einem Gespräch mit Precht auf einer großen Messe in München. Der Ausschnitt des Gesprächs wurde in einem ZDF-Beitrag (kontextlos) gezeigt. Gesprochen wird dort nur von einer *großen Handwerksmesse*. Zu finden auf YouTube: *Mitarbeiter gesucht! Warum fehlt überall Personal* von ZDFheute Nachrichten (30.07.2023).

gewissem Maße Lanz' Aussage bestätigte. Es wäre sinnvoll gewesen, nicht sofort auf Twitter zu reagieren, sondern die gesamte Diskussion zwischen Lanz und Precht auf der Messe, bei der diese Aussage fiel, anzuhören und zu verstehen, was genau er damit meinte. Dies ist eine generelle Empfehlung meinerseits, da es ein solider Weg ist, sich eine umfassende Meinung zu bilden, die der gesellschaftlichen Diskussion förderlich ist.

Werden wir zu einer Hafermilchgesellschaft? Vielleicht. Die wichtigere Frage ist, ob dies eine gute Entwicklung oder eine andere Richtung ratsamer wäre. Ich habe es vermieden, eine Festlegung zwischen gut und schlecht vorzunehmen, wie es zum Beispiel in *Normen*[18] nie um richtig oder falsch im absoluten Sinne ging. Nun ist mir klar geworden, wie ein Maßstab für gut oder schlecht aussehen kann. In der Gesundheitswissenschaft besteht Konsens, dass Gesundheitswissen den einzelnen Menschen nicht unbedingt dazu bringt, Gutes zu tun und Schlechtes zu unterlassen. Wir alle wissen, egal in welchem Detailreichtum, grundsätzlich, was gut und was schlecht für uns ist. Richten wir unser Handeln danach aus? Eher nicht. Die wenigsten Raucher sehen die Warnungen auf Zigarettenpackungen und denken sich: *Ach so! Das ist schlecht für mich. Dann*

[18] Hagemann meint hier sein drittes veröffentlichtes Buch *Normen* (2023).

lasse ich es lieber. Und hier kommt der Maßstab ins Spiel. Viele Raucher würden jedoch nie einem guten Freund das Rauchen empfehlen. Es sind die Menschen, die uns am Herzen liegen, die den Indikator darstellen. *Das wünsche ich nicht einmal meinem schlimmsten Feind*. Wie schlimm muss etwas sein, dass wir diesen Spruch verwenden? Würden Sie X einem guten Freund oder einer guten Freundin empfehlen, es ihrem Bruder wünschen oder hoffen, dass X niemals auf ihre Schwester zutrifft? Und wenn Sie bestimmte Dinge jedem Menschen dieser Erde wünschen oder empfehlen würden, dann ist dies ein Indiz für eine wirklich gute Sache. Ausgenommen natürlich, Sie sind von böser Natur. Wir haben bereits viele gesellschaftlich akzeptierte Dinge herausgearbeitet, die wir ohne schlechtes Gewissen anderen Menschen empfehlen können: ernähre dich gesund, treibe regelmäßig Sport, nimm keine Drogen, sag stets die Wahrheit. Jordan B. Peterson formuliert diese Idee als zweite Regel in seinem Buch: Betrachte dich als jemanden, dem du helfen musst.[19]

Das deutsche Gesundheitssystem ein historisch gewachsenes System, was so viel bedeutet wie: Es ist nicht alles so, wie wir es uns heute wünschen würden, aber so ist es nun mal gewachsen. Dies trifft wohl auf

---

[19] Hier wird das Buch *12 Rules for Life: An Antidote to Chaos* von Jordan B. Peterson (2018) zitiert. Die Origianlregel lautet: *Treat yourself like someone you are responsible for helping.*

jedes historische System zu. Stellen Sie sich vor, Sie müssten jemandem ein neues Gesundheitssystem verkaufen, der völlig neu anfangen möchte. Er würde wohl kein aktuell verfügbares kaufen, wenn Sie ehrlich alles auf den Tisch legen, was das jeweilige System mit sich bringt. Gleiches gilt für beispielsweise Alkohol oder Zigaretten. Verkaufen Sie einem Alien die Idee von alkoholischen Getränken oder Zigaretten, mit der ganzen Wahrheit, die wir heute kennen. Viel Erfolg. Ja, es macht Sie entweder extrem witzig oder aggressiv. Sie stinken danach, können sich daran vergiften und am nächsten Morgen sind Sie von Kopfschmerzen gebeutelt. Und die Zigaretten stinken ebenfalls, lindern kurzfristig Ihre Probleme, aber der Stoff verursacht Lungenkrebs. Sie sehen, dass die Idee dieselbe ist, nur anders angewandt. Je ernster wir diese nehmen, desto mehr sorgt sie für einen Wandel in unserem eigenen Leben. Würden Sie es einem guten Freund empfehlen? Dann legen Sie los und setzen die Empfehlung selbst um[20]. Einen Bias oder eine korrupte Moral darf in Einzelpersonen nie vollends ausgeschlossen werden. Faiererweise müsste man jede je aus Liebe ausgesprochene

---

[20] In der Musik beispielsweise manifest durch *0711* von *Cro* (2017)*: Die Welt zu verändern beginnt bei dir selbst* und durch *Growing up* von *Macklemore & Ryan Lewis* (2015): *Don't try to change the world, find something that you love. And do it every day. Do that for the rest of your life. And eventually, the world will change.*

Empfehlung erheben und statsisch auswerten, um die Empfehlungen zu finden, die unabhängig von Geschlecht, Kultur, Alter etc. konsistent sind.
Da ich Sie, den Leser, beim Schreiben nie persönlich vor Augen habe, dürfen Sie davon ausgehen, dass ich die Inhalte, die ich verfasse, von tiefstem Herzen als empfehlenswert halte. Ebenfalls bin ich selbst dabei, sie zu leben. Es sind meine Überzeugungen, die vielleicht nicht Ihre sind, es jedoch werden können, je nachdem, wie überzeugend ich war. Ihren Willen, eine neue Sichtweise zu adaptieren, kann ich jedoch nicht beeinflussen. Ich empfehle Ihnen also stets, mit offenem Geist weiterzu esen.

Wir denken, also bist du

Der YouTube-Kanal StarTalk hat 2,55 Millionen Abonnenten. Dessen Gesicht, Neil deGrasse Tyson, ist einer der einflussreichsten Astrophysiker unserer Popkultur. Unter anderem wird dort der StarTalk Podcast als Videoformat veröffentlicht. In der Fragen- und Antworten-Serie *Cosmic Queries* wurde die erste Edition von *The Deep* mehr als eine Million Mal angeschaut[21]. Einhergehend mit dem Thema tiefe Gedanken und Fragen, stellt Co-Host Chuck Nice dem Astrophysiker die erste Frage: Welcher Gedanke treibt dich mehr um, der Gedanke an endlose Zeit oder der Gedanke an endlosen Raum? Tyson stellt daraufhin selbst eine Frage, die ihn umtreibt: *Can the human brain figure out the human mind? [...] If it is the human brain that creates the human mind.* Bei der Übersetzung dieses Satzes fällt mir wieder auf, wie wunderbar die englische Sprache ist. Wir können das Wort *mind* mit *Verstand* oder *Geist* übersetzen. Aber der Satz *Make up your mind* bedeutet: Entscheide dich. Obwohl im Englischen eher gemeint ist, den Geist zu ordnen, was uns zu einer Entscheidung führt. Wie dem auch sei, steht die Frage im Raum, ob wir jemals unser Bewusstsein

---

[21] Zu finden auf YouTube: StarTalk Podcast: Cosmic Queries – The Deep with Neil deGrasse Tyson von StarTalk (25.10.2019).

verstehen werden oder ob wir etwas anderes als das Gehirn benötigen, um unseren Verstand, welcher im Gehirn entsteht, verstehen zu können. In diesem Kontext zitiert Tyson Carl Sagan: *Humans are the universe's way to understand itself.* Was so viel bedeutet wie: ohne Menschen gäbe es keine Gedanken, die das Universum zu verstehen versuchten. Tyson fragt daraufhin, wer sagen würde, dass wir der Maßstab der Intelligenz in diesem Universum seien. *Wir sagen das*, gibt Chuck Nice als Antwort. Nice geht danach noch einen Schritt weiter und übersetzt Descartes' *Ich denke, also bin ich* in diesen kosmologischen Kontext wie folgt: *Wir denken, also bist du.* Tiefgründig und dennoch humorvoll wird hier die menschliche Arroganz in Frage gestellt. Wir meinen, extrem viel schlauer zu sein als Schimpansen, ohne zu wissen, ob es eine Form der Intelligenz gibt, für die wir die Schimpansen sind.

Nun wurde die Konversation mit einer gewissen Demut geführt. Diese vermisse ich immer mehr, wenn mich der Instagram-Algorithmus mit Podcastern oder anderen Content-Creatern konfrontiert, die irgendeine Entität in vollem Selbstbewusstsein kritisieren. Stets enthüllen sie ein Geheimnis oder machen sich darüber lustig, dass andere dieses noch nicht durchschaut haben. Immer schwebt eine gewisse Hybris in der Luft. Denn es sei eindeutig, dass unsere Regierung ausnahmslos unkompetent arbeitet, dass es super einfach sei,

Tausende von Euros im Internet zu verdienen oder dass wir von denen da oben durch Krisen oder einfache Unterhaltung dumm gehalten würden, damit da oben von uns profitiert. In letzterem genannten Beispiel ist eindeutig die Handschrift des römischen Dichters Juvenals zu erkennen, von dem der Ausdruck *panem et circenses* stammt. Brot und Zirkusspiele seien alles, was es bedarf, um den Menschen ruhig zu stellen. Auch wenn die präzise Bedeutung im alten Rom sicherlich eine abgeänderte gewesen sein dürfte, werde ich in unseren heutigen sozialen Medien darüber aufgeklärt, dass der Klimawandel und die Fußballweltmeisterschaft inszenierte Konstrukte sind, die meine Aufmerksamkeit im Kolosseum behalten und nicht meinen Blick auf die Politik der Welt richten lassen. Ob dies tatsächlich der Fall ist, wäre eine wirklich gute Frage. Aber diese Frage wurde zum Glück durch unsere Erlöser des Internets bereits ausführlich beantwortet. Zumindest lässt das professionelle Setting darauf schließen. Ich meine, wer sich eine Kamera, ein Mikrofon mit Popschutz leisten und kostenlose künstliche Inteligenz (KI) für das Schneiden nutzen kann, muss einfach recht haben. Sie retten den unaufgeklärten Konsumenten vor den bösen Machenschaften von Politik, Lobby und anderen Entitäten, durch Charisma und absolute Wahrheiten. Ohne die Ernährungstipps von den Persönlichkeiten des Internets wäre ich wohl schon längst verhungert. Nur habe ich mich noch nicht für

eine der tausend Seiten entschieden, die mir zur Auswahl stehen. Der eine sagt, dass Haferflocken mich umbringen werden und dass nur das Fleisch von grasgefütterten Rindern mich mit allen Nährstoffen versorgt, die ich brauche. Die andere sagt, dass vegan die einzig wahre Lösung für meine Probleme ist. Aber was ist mit dem Argument, dass jede Pflanze, die ich esse, sich in der freien Natur mit Giftstoffen vor Fressfeinden schützt? Das Rotkraut schützt sich ja gegen Wühlmäuse mit Giftstoffen, die sicherlich auch mir schaden können.
Zum Glück gibt es die Meinungsfreiheit, die es erlaubt, solche Inhalte im Internet zu veröffentlichen, sie zu kommentieren und in einem Buch einzuordnen. Sehr bewusst habe ich diesen Aufsatz mit einem Beispiel der Demut begonnen. Denn die Konversation des Podcasts hätte auch in eine andere Richtung gehen können, die der Überheblichkeit. Doch Tyson knüpfte gleich an das Zitat von Carl Sagan an, dass er diesem nicht wirklich zustimmen könne, da dies den Menschen auf eine Ebene heben würde, wozu er nicht bereit ist. Es bleibt abzuwarten, ob wir das intelligenteste Wesen im Universum sind. Die Frage abschließend zu beantworten zu können würde bedeuten, dass wir jedes Wesen im Universum mit uns in Sachen Intelligenz verglichen hätten. Sind Haferflocken und rotes Fleisch schlecht für uns? Für die absolute Wahrheit müsste jeder Mensch der Welt an einer randomisierten, kontrollierten Studie teilnehmen. Die absolute Wahrheit gibt es nicht in

den 30-Sekunden-Videos auf Instagram und TikTok. Aber sie gibt es auch nicht in einer, drei oder hundert wissenschaftlichen Studien. Keine Studie ist perfekt. Ohne hierbei auf Methodik, Randomisierung, Studiendesign oder Ähnliches einzugehen, reicht es zu beschreiben, dass Studien mit Stichproben und nicht mit Grundgesamtheiten arbeiten und daher nie die absolute Wahrheit liefern können. So ehrlich muss die Wissenschaft sein, und daher ist mir Demut in diesem Kontext sehr wichtig. Absolute Wahrheiten in der Mathematik oder Astrophysik sind zu beweisen. Überhebliche Videos nach dem Motto: *Ich weiß alles und rette dich vor der bösen Unwahrheit einer Entität* oder in unreflektierten *Ich habe hier eine Studie mit 21 Teilnehmenden, die belegt, dass (hier eine Sache einfügen)* müssen den freidenkenden Menschen aufhorchen lassen.

Die von Chuck Nice spontan produzierte Descartes-korrespondierende Aussage *Wir denken, also bist du* weckt in mir ein Zukunftsszenario, welches mit allen Mitteln zu verhindern ist. Zu meiner Freude sind mir bis heute keine überzeugenden Argumente vorgetragen worden, die beweisen, dass ein solches Szenario bereits eingetreten ist. Ich denke, es wird Zeit, noch einmal *1984* von George Orwell (1949) zu lesen.

Ewiges Leben

Die Idee des ewigen Lebens beschäftigt den Menschen spätestens seit dem Alten Testament[22], also vielleicht schon seit Anbeginn der Zeit. Dort wird Gott ewiges Leben zugesprochen. Niemand sonst lebt ewig. Dies macht das ewige Leben zu etwas Heiligem, zu etwas Göttlichem. Nun können wir gleich zu Beginn argumentieren, dass Gott das Ideal darstellt, nach dem wir streben. Was nicht unbedingt ein unsterbliches Wesen über den Wolken bedeutet, sondern auch das persönliche Ideal, welches für uns an oberster Stelle unserer Wertehierarchie steht. Nach diesem Ideal richten wir uns, es beurteilt uns und repräsentiert Gott.

Nun ist es sehr plausibel fortzuführen, dass der Mensch nicht nach ewigem Leben strebt, um des ewigen Lebens Willen. Vielmehr sucht der Mensch das Gegenmittel für das für ihn schlimmste vorstellbare Ereignis – den Tod. Es existieren zwei benannte Bäume im Garten Eden: Der Baum der Erkenntnis von Gut und Böse sowie der Baum des Lebens. Eva wird von der Schlange verführt, die Frucht des ersten Baums zu essen, und sie reicht die Frucht an Adam weiter, der die Frucht ebenfalls isst.

---

[22] Folgend berichtet Hagemann die Ereignisse in Genesis (1. Buch Mose) und interpretiert diese.

Ihre Augen gehen auf, sie erkennen ihre Nacktheit und empfinden den dazu assoziierten Scham.
Nun liegt die Vermutung nahe, dass Adam und Eva ebenfalls ihre Sterblichkeit erkannten. Auf jeden Fall verbannt Gott die beiden aus dem Paradies und versperrt den Weg zum Baum des Lebens. Die Cherubim und ein loderndes Flammenschwert bewachen ihn. Würden die Menschen von beiden Bäumen die Früchte essen, würden sie keine Menschen mehr sein, wie Gott sie geschaffen hat, sondern göttliche Eigenschaften bekommen und sich von ihrem Status als Mensch erheben. Es wird dem Menschen unmöglich gemacht, unsterblich zu werden.
Besonders interessant in diesem Kontext ist das lodernde Flammenschwert. Ein herkömmliches Schwert reicht nicht aus. Es reicht nicht einmal ein Flammenschwert aus, nein, das Feuer lodert auch noch. Das Schwert repräsentiert den Tod, doch dieser reicht nicht zur Abschreckung. Es braucht noch mehr, denn es gibt schlimmere Dinge als den Tod. Die lodernden Flammen spiegeln die Hölle wider. Wer also das ewige Leben haben will, muss so einiges durchmachen und opfern. Sich selbst opfern, das Dasein des Sterblichen hinter sich lassen, um unsterblich zu werden.
Das Schwert ist auch ein Richter. Es richtet und trennt die Spreu vom Weizen. Es schnitzt uns in die richtige Form, wie ein Stück Holz zu einer schönen Figur. All unsere schlechten Eigenschaften, unseren

Hochmut, unser Geiz und Faulheit, unser Neid[23] werden unter Schmerzen von unserem Selbst getrennt, vom Flammenschwert verbrannt. Alles, was nicht perfekt ist. Aus buddhistischer Sicht würde ich es wie folgt formulieren: Das Selbst muss aufgegeben werden. Man muss gewillt sein, das Aufzugeben, was man denkt zu sein, um zu sein, was man ist. Man muss sterben, um wiedergeboren zu werden. Aber wie dem auch sei, diese Prüfung gilt es an den Toren zum Paradies zu bestehen. Es ist das ultimative Opfer.

Dies zeigt den Aufwand der Sterblichen, etwas zu schaffen, das unendlich leben wird. Eine Familie, eine Firma, eine Idee, ein Vermächtnis. Es ist recht einfach, die biblische Geschichte als Nonsens oder Quatsch alter Zeiten abzustempeln. Doch dieses Bild, diese Welt der Ideen ist mehr als nur ein Teil eines religiösen Buchs. Dieses Konzept lebt in unserer heutigen Zeit. Die Idee der Unsterblichkeit nimmt kein vernünftiger Mensch wörtlich. Niemand glaubt, dass man einfach 100 und dann 200 Jahre alt wird usw. oder dass man eine Kugel in den Kopf bekommt und einfach weiter macht wie Deadpool[24]. Keiner

---

[23] Hochmut, Geiz, Faulheit und Neid sind vier der sieben Hauptsünden, umgangssprachlich auch Todsünden. Wollust, Zorn und Völlerei sind die übrigen drei. Es wird hier der Eindruck erweckt, dass diese Sünden in der Bibel vorkommen, was nicht der Fall ist.

[24] Deadpool ist ein Charakter aus den Marvel-Comics (Debüt: 1991), der zur Selbstheilung fähig ist. Verliert er ein Bein, wächst es nach.

sucht in Jerusalem ein loderndes Flammenschwert und den dahinter liegenden Baum des Lebens. Der Tod ist nicht das Schlimmste, was uns ereilen kann; es ist die Hölle, die wir fürchten sollten. Das ist das Flammenschwert. Dieses Bild zeigt, dass es sich lohnt, mit erhobenem Haupt dem Leid zu trotzen. Es ist sogar notwendig, dem Leid zu begegnen und zu trotzen, um das Ideal, die Verwirklichung und Vollendung des Selbst, den Baum des Lebens, das Paradies zu erreichen. Menschen, die tatsächlich etwas geschaffen haben, sodass ihr Vermächtnis Generationen überdauert, haben sich aufgeopfert, dem Leid gestellt und dafür den Lohn erhalten. Menschen, die den Drachen besiegt haben, wurden mit dem Gold belohnt, welches der Drache gehortet hat. All dies ist in dieser Geschichte in Genesis zu finden.

Abseits dieser metaphysischen Ebene haben Menschen der Popkultur ebenfalls das Thema ewiges Leben aufgegriffen. Mary Shelly 1818 in *Frankenstein* und Tolkien einhundert Jahre später mit den Elben[25]. In einem Interview mit der Legende Larry King verneint Neil deGrasse Tyson die Frage, ob er unendlich leben möchte. *It is the knowledge that I am going to die that creates the focus that I bring to being alive. The urgency of acomplishment. The need to express love. Now, not later. If we live forever, why ever even get*

[25] Die Elben sind Wesen aus J. R. R. Tolkiens Welt, die nicht durch natürliches Altern sterben können.

out of bed in the morning? Because you always have tomorrow. Thats not the kind of live I want to lead[26].

Einen Schritt weiter geht ein Charakter des erfolgreichsten Mangas der Welt *One Piece* (1997 laufend, Eiichirō Oda). Spoilerwarnung für alle, die den Drum Island Arc mit Chopper noch nicht gesehen haben. Dr. Hiluk hebt das ewige Leben auf das nächste Level. Der Arzt hat den Traum, Medizin für jede Krankheit zu entwickeln. Er glaubt daran, dass es nichts gibt, was man nicht heilen kann. Er nimmt Chopper auf, der als Verstoßener lebt. Chopper erfährt durch Dr. Hiluk das erste Mal Freundschaft. Passioniert erzählt der Arzt über seinen Traum und weckt diesen auch in Chopper. Er selbst hat nicht mehr lange zu leben. Aber der Glaube, dass sein Traum in Erfüllung gehen wird, ist nicht gemindert, weil er einen Nachfolger hat. Auf dramatische Weise stirbt er, sodass sein Traum, sein Ideal weiter bzw. unendlich leben kann. Seine letzten Worte lassen, wenn es nicht schon vorher passiert ist, einem Tränen die Wange hinunter laufen. *Sagt was denkt ihr, wann stirbt ein Mensch? Wenn er von einer Kugel getroffen wird? Nein! Wenn er am Herzen leidet oder eine andere schlimme Krankheit hat? Nein! Wenn er*

[26] Zu finden auf YouTube: *Neil deGrasse Tyson: I Don't Fear Death | Larry King Now | Ora.TV* von *Larry King* (12.06.2015).

eine Suppe isst, die aus einem giftigen Pilz gekocht wurde? Nein! Man stirbt, wenn man vergessen wird[27].

Das Weiterleben von Träumen in Nachfolgern ist ein immer wieder auftauchendes Mittel in *One Piece*. Die Person scheint nur Träger des Ideals zu sein. Der Weg zum Ideal hin, die Entwicklung des Selbst zum Helden, scheint es zu sein, was das Leben erfüllt. "*[...] nichts darf die Entwicklung zum Helden, der in einem steckt, behindern*", sagte Nietzsche. "*Wählen Sie Größe, seien Sie gefasst auf gewisse Schmerzen. Wollen Sie weniger Schmerzen, gehen Sie und sind Teil der Herde.*"[28] Und so schließt sich der Kreis. Wer ins Paradies will, nun der muss sich dem lodernden Flammenschwert stellen.

Nun ist es vor allem Ihre Fähigkeit zu abstrahieren, die hier gefragt ist. Es geht daraum, dass Sie erkennen, dass hintern den Worten wie *Paradies* etwas steht. Unter Paradies ist nicht umbedingt Wonne und Glückseligkeit zu verstehen. Es ist eher der Ort, an den der Menschen gehört. Es ist ein Ort, der alles zu bieten hat. Vielleicht bedeuetet es im einzelnen Erfolg oder Wonne. Grundsätzlich lässt

---

[27] Im deutschen ist der Name des Arztes Doc Bader, doch Hagemann verwendet den Originalnamen. Zitiert wird die *One Piece* Anime Folge 86.

[28] Es ist fraglich, ob dies ein echtes Nitzsche Zitat ist. Hagemann ist ein großer Fan des Films *Und Nietzsche weinte* (Originatitell: *When Nietzsche wept* (Pinchas Perry, 2007), aus welchem er Nietzsche zitiert.

sich sagen, dass wenn das lodernden Flammenschwert all unsere Unzulänglichkeiten, Intrigen, Schwächen, Lügen usw. verbrennt, dann bleibt ein Mensch übrig, der ein gewisse Heiligkeit erreicht und seinen Platz im Paradies verdient hat. Auch wenn mir dieses religiöse Bild schwierig in Einklang mit den mehr verständlichen Bildern zu bringen ist, die im weiteren Verlauf des Buch Verwendungen finden werden, musste es dennoch gezeichnet werden. Die Geschichte aus Genisis beweist nämlich die Fülle, in der die Idee, welche in den von mir geschriebenen Essays vorgestellt wird, vorkommt. Die verschiedensten Menschen haben zu den verschiedensten Zeiten, mit den verschiedensten Motiven diese Idee weitergeben.

Legenden sterben nicht

Ich komme nicht daran vorbei, gleich zu Beginn klarzustellen, dass unter dem Titel keineswegs zu verstehen ist, dass eine Person noch mit 300 Jahren auf dieser Erde umherläuft. Die Idee, das Vermächtnis, die Seele der Person vermag es jedoch. Wir alle verlieren irgendwann unseren Körper, aber was wird aus unserer Seele? Haben wir es in unserer Lebenszeit geschafft, zur Legende zu werden? Haben wir etwas so Großes geschaffen, dass es über die uns gegebene Zeit hinauslebt? Einleitend zu diesem Exposé möchte ich einige Zitate darlegen, die wunderbar ausdrücken, was es wirklich mit dem Titel auf sich hat.

Ein Mensch stirbt, wenn er vergessen wird.[29]

I heard you die twice, once when they bury you in the grave. And the second time is the last time that somebody mentions your name.[30]

Denn man ist lange noch nicht tot, wenn man stirbt. Nein, man lebt, bis der Letzte dich vergisst.[31]

---

[29] Hagemann greift erneut das Zitat von Dr. Hiluk auf. Dies deutet auf die nahe Verbindung der beiden Essays hin.
[30] *Glorious* von *Macklemore* erschien am 15. Juni 2017.
[31] *2kx* von *Cro* erschien am 08. September 2017.

Die Angst davor, nicht mehr zu existieren, zu sterben, ist eine Urangst, denn der Mensch kennt nichts anderes als zu leben. Vielleicht ist der Schlaf die einzige Erfahrung, die dem Tod am nächsten kommt. Es mag nach dem Tod der Himmel warten oder der Übergang in ein neues Leben durch eine Wiedergeburt. Wer kann diese Hypothesen mit ernsthafter Sicherheit als wahr deklarieren, ohne Argumente des eigenen Glaubens zu nutzen? Nun hat die Biologie sieben Merkmale bestimmt, die das Leben, wie wir es kennen, definiert.[32] Fehlt ein Merkmal, gibt es auch kein Leben. Recht steril und lieblos erscheint uns die plumpe wissenschaftliche Definition des Lebens, während unsere spirituelle Erfahrung darüber hinausgeht. Wir müssen gar nicht über den Tod als Extrem sprechen. Abstrahiert man die biologische Definition des Lebens, dann geht es beim Leben vor allem um das Einflussnehmen. Das bedeutet meist, selbst handeln oder eben Aktionen und Gedanken anderer beeinflussen. Nicht nur genetisch, sondern auch besonders durch ihre Worte und Taten leben unsere Eltern in uns. Wir imitieren ihr Verhalten und lernen das Sprechen von ihnen. Andere Menschen erkennen sie in uns. Auch wenn wir beim Erwachsenwerden unseren eigenen

---

[32] Hier irrt Hagemann. Es sind sechs Eigenschaften, die üblicherweise das Leben definieren: Energie- und Baustoffwechsel, Reizbarkeit, Organisiertheit, Fortpflanzung, Vererbung und Wachstum.

Charakter entwickeln, sollten wir nicht verkennen, dass ein gewisser Teil unserer Eltern in uns lebt. Wenn wir uns dem Extrem des Todes nähern wollen, sollten wir nun über Instanzen reden, in denen Menschen von uns gehen, ohne dabei zu sterben. Wenn Liebesbeziehungen enden, dann kann dies genauso schmerzlich sein, wie den Verlust eines geliebten Menschen zu beklagen. Manche Menschen verteufeln ihren Ex-Partner bzw. richten nun nur noch negative Emotionen in dessen Richtung. Die *Ich bin ohne dich eh besser dran*-Mentalität[33]. Andere Menschen wiederum hegen keinen Groll und wünschen dem Ex-Partner das Beste[34]. Doch egal, für welchen Weg man sich entscheidet: Die Person, von der man dachte, den Rest des Lebens mit ihr zu verbringen, bleibt immer ein Teil von uns[35]. Sie leben in uns weiter durch ihren Einfluss, den sie auf uns nahmen und immer noch auf uns haben. Wir erkennen sie in Dingen, die Erinnerungen in uns wecken[36]. Der Einfluss dieser Menschen ist evident. Ich möchte nicht schätzen, wie viele Liebeslieder nicht von Euphorie, sondern von Liebeskummer

---

[33] In der Musik beispielweise durch *You suck at love* von *Simple Plan* (2011) manifest.

[34] In der Musik beispielweise durch *Letzer Song* von *Cro* (2021) manifest.

[35] Da Hagemann kurz vorher *Cro* als Beispiel im Kopf hat, ist hier *Ein Teil* von *Cro* (2012) hier sehr wahrscheinlich mitgedacht.

[36] In der Musik beispielweise durch *Lux Lisbon* von *Casper* (2013) und *Ich will nur das du weißt* von *SPD* (2015) manifest.

geprägt sind. Als größter Fan der Liebe und als Gläubiger, dass Liebe alles kann, muss ich eingestehen, dass sie nicht das kann, was Kunst über mehrere Generationen zu verwirklichen vermag. Vielleicht ist es auch einfach ein unfaires Unterfangen, denn die Liebe stirbt nun mal mit den Menschen, die sie ausüben (bis der Tod uns scheidet). Eine in Stein gemeißelte Statue hat da schon eher die Chance ewig zu leben und Einfluss auszuüben[37].

Mit dem Zitat *People never get the flowers while they can still smell 'em* aus *Big Brother* zeigt uns Kanye West (2007), wie selten lebende Legenden Anerkennung bekommen. Daraus lässt sich schließen, dass die meisten Legenden erst nach ihrem Tod als solche anerkannt werden. Denn je mehr Zeit vergeht, desto mehr Zeit haben die Menschen, die Kunst zu verstehen, anzuerkennen und zu bewundern, die von Menschen hinterlassen wurde[38].

Um als Künstler innerhalb der eigenen Lebenszeit zur Legende zu werden, muss dieser über das Außergewöhnliche hinausgehen. Natürlich gibt es einige Menschen, die entweder lebende Legenden sind oder waren. Doch selbst wenn es zurzeit 1.000

---

[37] Es darf davon ausgegangen werden, dass Hagemann hiermit die David-Statue von Michelangelo meint, welche noch des Öfteren Erwähnung finden wird.

[38] Diese Idee findet Ausdruck in *I'm thinking about horses* von *Mike Posner* (2018): *I think people will love my music more when I die. Because they know no more is coming.*

lebende Legenden gäbe, wären das nur 0,00002 Prozent der erwachsenen Weltbevölkerung. Die 10.000 Menschen, die wir heute noch in Erinnerung halten, weil sie etwas Großes geschaffen haben, verschieben für ihren Anteil an der Bevölkerung das Komma um eine Stelle nach links. Für jede Null rückt das Komma eine Stelle nach links, sodass selbst bei einer Million Legenden immer noch es sich um den *0, Bereich* handeln würden. Menschen wie Steven Spielberg oder Eiichirō Oda sind selten und erst die Zeit wird zeigen, ob sie wie Michelangelo über Jahrhunderte gehuldigt werden. Wahre Kunst wird nicht erschaffen, damit der Künstler oder die Kunst ewig lebt. Kunst wird erschaffen, weil ein Mensch kreativ ist und Emotionen in einer der Kunst zugeordneten Form ausdrücken möchte[39]. Es gibt auch andere Wege, um zur Legende zu werden. Diese Menschen haben meist etwas gesellschaftlich sehr Großes geschaffen oder einen sehr großen Einfluss auf das Leben der Menschen genommen, ob nun positiv oder negativ. Beispiele dafür sind Jesus, Julius Cäsar, Hitler oder Dr. Martin Luther King.

In der Kunst gibt es zwei Arten des Legendären[40]. Einmal ist es nur die Kunst, die es schafft, ewig zu

---

[39] In der Musik beispielweise durch *The Woman On The Wall* von *Mike Posner* (2018) manifest: *A swan doesn´t beg for Attention and the sun doesn´t shine to be seen.*

[40] Hagemann stellt dies wie einen anerkannten Fakt dar, doch es ist lediglich seine eigene Auffassung, die hier Ausdruck findet.

leben. Der Mensch, der sich dem kreativen Unterfangen gewidmet hat, steht nicht mit seinem Kunstwerk auf einer Ebene. Der Künstler ist wie die Mutter, die nach Jahren der harten Arbeit und Hingabe dabei zusieht, wie ihr Kind erwachsen geworden ist. Wie der Meister, der mit der Ausbildung seines Schülers fertig ist und ihm nun stolz zusieht, wie der Schüler nicht mehr existiert. Es ging nie um den Künstler selbst, sondern um die Kunst, die die Welt zu bereichern versucht. Ist der Künstler von uns gegangen, dann ist von seiner Kunst das Gegenteil zu behaupten. Dies wird perfekt im Wiedersehen der *Harry Potter* Darsteller anlässlich des 20-jährigen Jubiläums von *Harry Potter und der Stein der Weisen* übermittelt. Die Schauspieler haben den Mut gehabt, sich selbst aufzugeben, um zu den Charakteren zu werden, die sie schauspielten. Acht Filme lang waren die Menschen Harry Potter und Professor Snape. Nur am Ende im Abspann wurden ihre echten Namen enthüllt. Sie haben Jahre ihres Lebens aufgeopfert und dabei etwas erschaffen, was größer ist als sie selbst. Der 2022 verstorbene Robbie Coltrane sagte in dem besagten Film[41] folgendes: "*The legacy of the movies is that my children's generation will show them to their children. You can be watching it*

[41] Irrtümlicherweise nennt Hagemann den Film nicht. Gemeint ist *Harry Potter 20th Anniversary: Return to Hogwarts* (C. Patterson & J. Pearlman, 2022).

in 50 years time, easy. I'll not be here, sadly. But Hagrid will. Yes."
Wir erkennen Hagrid, den Kölner Dom, den Schrei, aber die meisten haben keine genaue Vorstellung von ihren Schöpfern. Wir alle kennen James Bond, aber eher weniger kennen seinen letzten Schauspieler oder den, der James Bond in den 90ern gespielt hat. James Bond, der Charakter, lebt für immer, die Schauspieler nicht (zumindest nicht im gleichen Ausmaß). Nun mag dies an unserer Ignoranz liegen oder daran, dass wir nicht fähig sind, uns alles zu merken. Doch bin ich überzeugt, wie oben beschrieben, dass ein wahrer Künstler sich nicht darum schert, ob er selbst in Erinnerung bleibt. Er legt alles in seine Kunst, opfert Stunde um Stunde für die winzigste Möglichkeit, dass sie ein Herz berührt.
Die Künstler, die mit ihrer Kunst für ewig leben, sollen auf keinen Fall als solche gehalten werden, die konträr zu den anderen Künstlern stehen, die ich weiter oben beschrieben habe. Sie unterscheiden sich nicht in ihrer Beziehung zur Kunst. Jedoch haben sie es geschafft, ihren Namen ebenfalls in Stein zu meißeln, vielleicht weil sie stets im Kontext ihrer Kunst Erwähnung finden. Die Person und ihr Vermächtnis leben für immer. Michael Jackson und seine Musik, Michelangelo und seine Kunst, Goethe und seine Literatur.
Die großen Dinge, die wir heute noch huldigen, weil sie in ihrer Größe unsterblich sind, verdienen unseren immensen Wert. Alte Filme, Bücher, Architektur,

Bilder aus vergangenen Zeiten – sie alle haben Qualität. Als ich mir in Florenz[42] die gemeißelten Details der Cattedrale di Santa Maria del Fiore ansah, hatte ich zwei Gedanken: Erstens, wow. Und zweitens, dass hier ein Mensch vielleicht sein ganzes Leben damit verbracht hat, den Stein perfekt in Form zu bringen. Mit Mühe und Hingabe wurden die kleinsten Details der Statuen verarbeitet. Was dort in Florenz steht, ist Schönheit, ist Kunst. Ich frage mich, ob der Mensch heute dazu in der Lage wäre, sein Leben nur einer einzigen Sache zu widmen und sicherzugehen, dass es perfekt wird – ein Instagram-Account mit nur einem perfekten Post. Eigentlich wird da nur schnell über ein Bild oder Video drüber geschaut, vielleicht wird ein Like gegeben und ansonsten zum nächsten gescrollt. In Florenz geht keiner an diesem Dom vorbei, ohne zu staunen oder ihn zu bewundern. Mir ist zweiteres lieber.

---

[42] Wenig ist öffentlich über Hagemanns Besuch der Toskana im Sommer 2023 bekannt. Sein Aufenthalt scheint ihn geprägt zu haben, da die Stadt Florenz hier nicht ihren einzigen Auftritt erhält.

Juice World mit Lied »Legends«, Album »Legends never die« und Lied »Already Dead«

Ich erinnere mich noch recht gut an den Tag vor fast vier Jahren, an dem Jarad Higgins, besser bekannt unter seinem Künstlernamen *Juice Wrld*, verstorben ist. Mit Tränen in den Augen hörte ich mir seine Musik an. Die Welt hat an diesem Tag ein Musiktalent verloren, das nicht zu ersetzen ist. Nicht nur seine 28 Millionen monatlichen Zuhörer auf Spotify, sondern auch die insgesamten Reaktionen auf postmortale Veröffentlichungen zeugen von seiner bis heute anhaltenden Relevanz in der Musikszene. Ob sich der Titel seines dritten Albums *Legends never die* (2020) auch für ihn bewahrheiten wird, kann heute noch keiner sagen. Denn inwiefern seine Musik noch in 30 Jahren Relevanz hat, kann nur in 30 Jahren beantwortet werden. Musikgeschmäcker sind verschieden, weswegen ich seine Musik an sich nicht als Argument für die Bestätigung seiner Albumsthese vorbringen möchte. Mit zwei Liedern möchte ich darstellen, inwiefern Higgins etwas geschaffen hat, was das Gewöhnliche transzendiert.

Der Song *Legends* wurde am 19. Juni 2018 veröffentlicht. Er gilt als Tribut für die verstorbenen Künstler *Lil Peep* und *XXXTENTACION*. Letzterer wurde am 18. Juni 2018 ermordet. Ein gutes Kurzzeitgedächtnis und gewöhnliche Mathekenntnisse lassen einen schnell erkennen, dass Higgins das Lied innerhalb von einem Tag nach dem Tod von *XXX* kreiert hat. Dies würde ich als erste beachtliche Leistung herausstellen. Darüber hinaus ist es vor allem der Liedtext, der dem Künstler magische Kräfte zuschreiben lässt. Higgins beklagt die Tode der beiden Künstler. Der Klub 27[43] gelte für die verfluchte Generation nicht, da sie es nicht schaffen, älter als 21 Jahre alt zu werden. Er reflektiert die Tode von vielen einflussreichen Künstlern (Legenden) primär durch die oben genannten Künstler und sekundär durch die Erwähnung des Klubs 27. Woraufhin er zu dem Schluss kommt, keine Legende sein zu wollen, da diese alle zu sterben scheinen. Versetzen wir uns in Higgins hinein, welcher diesen Text direkt nach dem Tod von *XXX* schrieb, dann erscheinen seine Schlussfolgerungen in einem Zustand der Trauer und Melancholie sehr nachvollziehbar. Ich habe Higgins in Bezug auf den Text magische Kräfte

---

[43] *Der Klub 27* besteht aus Künstlern, die alle mit 27 Jahren verstarben. Jimi Hendrix, Janis Joplin, Jim Morrison und Kurt Cobain bilden die vier Kernmitglieder. Nach dem Tod von Amy Winehouse gewann *der Klub 27* an Bekanntheit in der Öffentlichkeit.

zugeschrieben, einfach aus dem Grund, dass ich keine anderen Worte finde, die es zu beschreiben schaffen, was der Text heute bedeutet. Mit einem verzweifelten Lachen kann man den Text als ironisch bezeichnen. Vielmehr ist er jedoch schlichtweg unheimlich. Etwa anderthalb Jahre nach der Veröffentlichung von *Legends* stirbt Higgins an einer Überdosis. Noch im März 2019 erreicht sein neu veröffentlichtes Album Platz eins der Billboard 200. Das Album geht in den USA doppelt Platin. Am 8. Dezember 2019 verstirbt der Künstler mit 21 Jahren in der Blüte seines Schaffens. Wie wir heute sagen können, hat er in *Legends* nichts ausgelassen und seine Magie spielen lassen. Denn für ihn gilt das gleiche, wie für die Menschen, die er in seinem Lied adressiert: Die Legenden sterben und schaffen es nicht, älter als 21 zu werden.

Einen kleinen Vorgeschmack für den Song *Already Dead* gab es Anfang 2018 auf Higgins' Instagram. Jahre später wurde der Song als erste Single des neuesten Albums *Fighting Demons* (2022) veröffentlicht. Der Liedtext thematisiert wie viele Lieder des Künstlers, Drogenkonsum und Liebeskummer. Higgins nutzte Drogen, um seine Gefühle und Schmerzen zu betäuben. Dass etwas in einem stirbt, wenn einem das Herz gebrochen wird, ist allseits bekannt. All die Dämonen seiner Vergangenheit wollen ihn tot sehen, doch er gibt ihnen nur die Antwort, dass er bereits tot sei: *I am already dead. I have been dead for years*. Higgins ist also metaphorisch spätestens zum Zeitpunkt, als er dieses Lied schrieb, bereits tot. Vielleicht hat jeder von uns etwas so Tragisches erlebt, dass man seit diesem Ereignis tot ist und nun lediglich weiter existiert. In diesem Lied kommt diese Idee sehr melancholisch rüber. Malcolm X gab dieser Idee ein Gefühl von Stärke und Freiheit: *I am a man who believed that I died 20 years ago and I live like a man who is dead already, I have no fear whatsoever of anybody or anything.*[44]

Aber zurück zu Higgins, der es schaffte, 2018 ein Lied zu schreiben, in dem diese Idee vorkam. Nun ist das hier so Außergewöhnliche der Zeitpunkt der Veröffentlichung des Songs, welcher dem Text eine weitere Bedeutung zuschreibt, die zu Higgins Lebzeiten nur er selbst hätte wissen können. Er hätte den Song ja zu Lebzeiten veröffentlichen können, tat dies aber nicht. Jetzt hören wir den Song zwei oder mehr Jahre nach seinem Tod zum ersten Mal. Es kommt einem so vor, als ob er das Lied aus dem Jenseits geschrieben und in die Welt der Lebenden überführt hätte. Aus Perspektive des Veröffentlichungsdatums Ende 2021 wollen ihn seine Dämonen immer noch tot sehen, doch er antwortet ihnen: "*I am already dead. I have been dead for years.*" Nun bewahrheiten sich die Lyriks nicht nur metaphorisch, sondern Jahre nach der

[44] Zu finden auf YouTube: *Malcolm X - 'I live like a man who is dead already'* von *ThePINKYBABYEE* (31.12.2012).

Veröffentlichung des Songs auch wortwörtlich. Er ist tatsächlich seit Jahren tot. Er hat also auf beiden Ebenen recht. Diese Betrachtung lässt mich staunen und schaudern. Am 18. Mai 2023 wurde auf dem Spotify Account von *Juice Wrld* das Album *Goodbye & Good Riddance (5 Year Anniversary Edition)* veröffentlicht. Sein Debutalbum ist nun fünf Jahre alt und wie lebende Künstler es tun würden, wird dies gefeiert. Es gibt Menschen, die seine Arbeit fortsetzen, Menschen, die seine Musik hören und würdigen. Wie lange dies andauern wird, kann niemand vorhersehen. Aber wenn wir Menschen nicht damit aufhören, Jarad Higgins zu lieben, für das was er erschaffen hat, dann wird der Titel seines dritten Album sich auch für ihn bewahrheiten.

In sterquiliniis invenitur

Der Duden definiert das in der Literatur- und Filmgeschichte am häufigsten vorkommende Übel als *(in zahlreichen Arten vorkommendes) Kriechtier mit lang gestrecktem walzenförmigem Körper ohne Gliedmaßen, langer, vorne gespaltener Zunge, das sich in Windungen gleitend fortbewegt.* Wir reden hier natürlich von der Schlange. Von Gott verflucht und kulturübergreifend das Wesen, welches es zu besiegen gilt. Auf viele unterschiedliche Weisen hat sich das Schlangenwesen gezeigt. Die mehrköpfige Hydra, die etwa Hercules besiegen muss. Die meisten Menschen kennen den Basilisken aus Harry Potter. Aber wir alle kennen das fieseste aller Schlangenwesen: den Drachen. Auf der ganzen Welt kommen sie in vielen Mythologien, Märchen und Geschichten vor. Dabei wird der Drache oft goldhortend dargestellt. Auch ist es stets das Duell Held gegen Drache. Wer an das Gold will, muss am Drachen vorbei. Das für mich einprägsamste Beispiel dieser Idee ist in *Der Hobbit* (J.R.R. Tolkien, 1937) zu finden. Das Buch steht zwar noch ungelesen in meinem Regal, aber die drei Filme habe ich des Öfteren gesehen. Smaug hortet Gold und den Arkenstein, welcher höchste Priorität für die Helden des Films besitzt. Nun ist es in diesem Fall nicht per se der Reichtum, den die Zwerge antreibt, sondern viel mehr was der Arkenstein repräsentiert. In einem anderen tollen Film hortet der Drache tatsächlich kein Gold, sondern etwas, was für den Helden von gleichem Wert ist. Shrek und Esel machen sich auf den Weg, Prinzessin Fiona zu retten[45]. Ihnen fallen sicherlich weitere Beispiele für diese Art der Handlung ein. Für unsere Kultur am wahrscheinlich bedeutsamsten ist das Werk *Beowulf* (Autor und Jahr unsicher). Aber wie wäre es mit *Eragon* (Christopher Paolini) oder *Die Chroniken von Narnia: Die Reise auf der Morgenröte* (Michael Apted, 2010)?

Zuerst ist zu sagen, dass Filmfiguren zu Helden werden, wenn sie den Drachen konfrontieren, unabhängig davon, ob es sich um einen richtigen Drachen handelt oder um das, was er repräsentiert. Wieso bewacht der Drache etwas und wieso riskieren unsere Helden ihr Leben, um den Drachen zu besiegen? Nun der Grund ist immer derselbe: Die Helden in unseren Geschichten sind Vorbilder für unser eigenes Leben. Sie zeigen uns, dass es sich lohnt, gegen den Drachen anzutreten, ja sogar, dass es notwendig ist. Jetzt ist es nur so, dass in unserer Welt keine fliegenden, Feuer speienden Kreaturen leben, die in einer Festung auf Gold liegen und dieses beschützen. Wir müssen lernen zu abstrahieren und zu verstehen, was Drache und Gold in unserer Welt bedeuten.

---

[45] Hagemann nimmt Bezug auf den Film *Shrek – Der tollkühne Held* (A. Adamson & V. Jenson, 2001).

Jordan B. Peterson erklärte es so: *"Why would a dragon hoard gold? Because a dragon represents everything that you are afraid of. What is embedded in everything that you are afraid of? Absolutely everything that you need to find. Run from everything you are afraid of – Run from exactly what you need to find."*[46]

Nun ist es nicht Peterson und besonders nicht ich, der diese Idee entdeckt hat. *In sterquiliniis invenitur* ist ein alchemistischer Spruch aus dem Mittelalter. Übersetzt heißt er in etwa: *Im Mist wird es gefunden.* Unsere Vorfahren haben ihr Bestes gegeben, diese Weisheit aufzuschreiben und Generation für Generation weiterzugeben. Wir finden die Idee in den bedeutsamsten literarischen Werken der Welt. In Beowulf, entstanden vor der Zeit der Alchemisten, lässt sich diese Idee finden. Berühmte Manifestationen von *In sterquiliniis invenitur* finden wir in der Artussage, in der unter anderem König Artus und seine Ritter nach dem Heiligen Gral suchen. Die meisten kennen im Kontext der Artussage den Zauberer Merlin und das Schwert Excalibur. Die Geschichte des Heiligen Georgs, der Drachentöter, ist ebenfalls eine Legende mit großem Einfluss. Eine der verehrtesten Geschichten der letzten hundert Jahre, sind die von J.R.R. Tolkien. Zuerst Bilbo und dann Frodo. Einer ist einem echten Drachen

---

[46] Zu finden auf YouTube: *Why would a dragon hoard gold ? | Jordan B Peterson #shorts #youtubeshorts #viralshorts* von *InnerKexChannel* (18.04.2023).

gegenübergetreten, der andere musste einem anderem Monster trotzen. Diese Idee in Literatur eingefangen, hat die Macht uns alle zu erreichen und uns zu überzeugen, sich unseren Drachen zu stellen. Eine Welt ohne Drachen scheint mir eine friedliche zu sein.

Negative Dominanz

Verlustaversion nimmt einen relativ großen Teil im Buch *Thinking, Fast and Slow* des Nobelpreisträgers Daniel Kahneman (2011) ein. Sie beschreibt die Neigung, Verluste gegenüber Gewinnen zu übergewichten. Kahneman schreibt der Verlustaversion den größten psychologischen Beitrag zur Verhaltensökonomie zu. In diesem Kontext zitiert er aus *Bad is Stronger than Good*: *Bad emotions, bad parents, and bad feedback have more impact than good ones, and bad information is processed more thoroughly than good. The self is more motivated to avoid bad self-definitions than pursue good ones. Bad impressions and stereotypes are quicker to form and more resistant to disconfirmation than good ones.* [47]

Da ich das Buch von Kahneman jedem ans Herz lege, werde ich nicht seine Ausführung hier beschreiben, sondern das Phänomen der negativen Dominanz in meinen Spezialgebieten erkunden. Da negative Dominanz messbar in uns Menschen operiert, stellt sie auch den größten Hebel dar, den es zu nutzen gilt, wenn wir etwas in uns verändern wollen. Negative

---

[47] R. F. Baumeister, E. Bratslavsky, C. Finkenauer, K: D. Vohs: Bad Is Stronger Than Bad. Review of General Psychology 5 (2001): 323.

Gedanken, negative Selbstgespräche und negative Emotionen lassen das Selbst ein schlechtes Leben erfahren. Wir laufen mit einer Wolke über dem Kopf durch die Straßen, und nichts scheint uns aufheitern zu können. Wir schreiben dem Negativen im Inneren und Äußeren mehr Wert zu als dem Positiven im Inneren und Äußeren. Nun kann ich aus Erfahrung zwei Methoden nennen, die es möglich machen, die graue Wolke in einen blauen Himmel zu verwandeln. Doch vielmehr sind sie als zwei Phasen anzusehen.

Phase 1 – Den Hebel nutzen

Um Geld anzusparen, muss mehr Geld auf ein Konto eingezahlt werden, als abgehoben wird. Damit sich ein Eimer mit Wasser füllt, darf er nicht mehr Wasser verlieren, als hinzukommt. Erst in Phase 2 wird es interessant, mehr Geld zu verdienen oder immer mehr Wasser in den Eimer zu schütten. Phase 1 beschäftigt sich mit dem großen Hebel der negativen Dominanz. Mit der Wolke über einem erscheinen positive Affirmationen, wie sie in Selbsthilfebüchern zu finden sind, wie eine Farce. *Du bist gut genug. Gut so, wie du bist*, sagen Menschen zu einem, ohne dabei zu merken, dass sie gerade in der falschen Phase helfen wollen. Bevor positive Gedanken einen nennenswerten Effekt in uns auslösen, müssen die negativen entfernt werden. Wasser kommt erst in den Eimer, wenn seine Lecks geflickt sind. Denn selbst wenn wir so viel Wasser in den Eimer schütten, wie unten wieder rauskommt, sagt das Konzept der negativen Dominanz, dass wir keine 50/50-Situation erleben. Sobald wir kein Wasser mehr verlieren, motiviert uns jeder behaltene Tropfen Wasser, immer mehr hinzuzugeben. Bevor in Phase 2 übergegangen wird, sollte sichergestellt werden, dass sich verabschiedet wurde von negativen Gedanken, negativen Einflüssen und so weiter. Die Löcher des Eimers müssen zuerst geflickt werden.

Phase 2 – Den Eimer füllen und keine Löcher bekommen

Mit einem intakten Eimer lässt sich Wasser super transportieren. Jetzt gilt es Wege zu finden, wie Wasser in den Eimer gelangen kann. Quellen können in Selbsthilfebüchern oder durch Gespräche mit den Liebsten gefunden werden. Außerdem sollte nach gefährlichen Gegenständen wie Nägeln oder Steinen Ausschau gehalten werden, die den Eimer beschädigen könnten.

Es kann auch die Möglichkeit in den Sinn kommen, die negative Dominanz für sich selbst nicht mehr zu akzeptieren. Ob dies wahrhaftig funktioniert, vermag ich hier nicht zu beantworten. Es mag so scheinen, dass Negatives nicht mehr so stark gewichtet wird, aber vielleicht wird dieses Empfinden auch einfach mit dem Wasserfall verwechselt, der in den Eimer einprasselt. Wie dem auch sei, es ist möglich, den Hebel der negativen Dominanz nicht nur auf die dunkle Wolke über einem zu übertragen.

Viele Menschen bewegen sich in einer neutralen, weder positiven noch negativen Lebensphase. Hier nichts zu seinen Fehlern zu addieren[48], scheint ein sinnvoller Weg zu einem besseren Leben zu sein. Wenn negatives stärker gewichtet wird, ist es ratsamer, keinen Freund zu gewinnen, wenn man gleichzeitig einen Feind gewinnt. Unter diesem Aspekt mag ein Nullsummenspiel ein negatives Endergebnis sein. Auch wenn aus meiner Lebenserfahrung wahre Freunde nicht zu ersetzen sind.

---

[48] In der Musik beispielweise durch *The Love* von *Kota the Friend* (2021) manifest: *Trying harder not to add to my wrongs.*

Macht ist Freiheit

Wer nimmt den Pokal mit nach Hause? Wer gewinnt den Wettbewerb um das bravste Tier? Hat der Besitzer des Kaninchens, das die Herausforderungen des Wettbewerbs ohne jegliche Aggression meisterte, den Titel verdient? Oder gebührt der Ruhm dem Halter des Tigers, der ebenso mühelos die gestellten Aufgaben bewältigte? Harmlos zu sein, ohne die Fähigkeit zur Gefahr ist keine Tugend.

Die Meister der Kampfkunst vermitteln nicht nur die Fertigkeiten und Techniken ihres Handwerks. Es ist nicht nur körperliche Schulung, sondern gleichermaßen geistige Disziplin. Man lernt nicht, wie man Schlägereien gewinnt, sondern wie man seinen eigenen Körper unter Kontrolle hält. In einer Kampfkunst mächtig zu werden, bedeutet auch, diese Macht zu beherrschen. Harmlos zu sein, ohne die Kapazität zur Gefahr ist keine Tugend. Menschen bewusst nicht zu verletzen, obwohl man es könnte, kommt der Tugend um einiges näher.

Power is freedom[49] - Freiheit zeigt sich in verschiedenen Formen:

- Wissen: Die Macht des Wissens eröffnet Türen und ermöglicht Entscheidungen.
- Belesenheit: Durch das Lesen erweitert sich der Horizont und die Fähigkeit, verschiedene Perspektiven zu verstehen.
- Mentale/kognitive Stärke: Die Fähigkeit, Herausforderungen mit Klarheit und Entschlossenheit anzugehen.
- Körperliche Fitness/Fähigkeiten: Die Fähigkeit, den eigenen Körper zu beherrschen und in Form zu halten.
- Selbstsicherheit/Selbstbewusstsein: Die Überzeugung, die eigenen Ziele zu verfolgen und Entscheidungen zu treffen.
- Finanzielle Stärke: Die Möglichkeit, Unabhängigkeit durch finanzielle Sicherheit zu erreichen.

Das Faszinierende an Freiheit ist, dass sie niemals absolut sein kann, wenn sie von mehr als einer Person beansprucht wird. Die Freiheit des einen endet dort, wo die Freiheit des anderen beginnt. Freiheit kann nicht genutzt werden, um die Freiheit eines anderen einzuschränken. Diese Handlung und

---

[49] Diesen Wortlaut nahm Hagemann aus dem Lied *Heard Em Say* von *Logic* (2020). Die deutsche Übersetzung nutzte er als Titel.

die darunterliegende Auffassung machen Freiheit zunichte.

Sind Sie wirklich frei, wenn Sie von vornherein mögliche Handlungen für sich ausschließen? Sind Sie frei, wenn Sie nur das tun, worauf Sie Lust haben? Sind Sie frei, wenn Normen Sie einschränken, obwohl Sie dies gar nicht wahrnehmen? Frei zu sein bedeutet, von Dingen wie Meinungen, Zwängen, Einflüssen, körperlichen Bedingungen usw. unabhängig zu sein.

Die meisten Menschen denken, sie erlangen Frieden, wenn sie ihre externen Probleme lösen. Doch es gibt unendlich viele externe Probleme. Frieden kommt nur, wenn wir unsere internen Probleme lösen. Wir müssen von innen strahlen, den Weg leuchten und nicht auf die Außenwelt bauen. Denn die Außenwelt ist nicht fair. Sie legt uns Steine in den Weg, nicht mit böser Absicht, sondern aus eigenen Interessen. Nur jemand mit Kompetenz kann sich seinen eigenen freien Weg in der Welt bahnen. Niemand wartet darauf, dass Busse und Bahnen jede Strecke abfahren. Man macht seinen Führerschein, wird kompetent, mächtig und fährt die Strecke selbst. Niemand kommt, um Sie zu retten. Ich übrigens auch nicht. Ich habe eigene Ziele, die mit extrem viel Arbeit verbunden sind. Auch wenn ich unterstützende Hände von überall spüre, tippe ich diese Worte allein in die Tastatur. Ich bin nur hier, damit Sie eine weitere Stütze in Ihrem Leben finden, die vielleicht noch fehlte. Und dennoch gilt: Möge der Bessere gewinnen.

Wo ich Ihnen zeige, dass Sie das Potenzial hatten zum Zeitpunkt ihrer Geburt, das Potenzial zu sein... Und dieses Potenzial hätten Sie entwickeln können, dann wären Sie ein Homo sapiens, im besten Sinne des Wortes geworden, wenn Sie hätten dürfen. Denn in der Regel ist etwas dazwischen gekommen, das nennen wir Erziehung, und so hat man uns normal gemacht... Und was nicht normal ist, außerhalb der Norm, das hat man uns geklaut. Was außerhalb der Norm liegt, ist entweder kriminell oder krank.

Es tut mir leid, aber ich kann die genaue Quelle dieses Zitats nicht angeben[50]. Vera F. Birkenbihl äußerte diese Worte im Kontext von Potenzialen.

Das Andere, das Unbekannte, das Nicht-Normale wird zum Feind. Wir brauchen keine Erziehung, sondern Bildung. Erziehung degradiert unser Potenzial zum Durchschnitt. Wie wäre es jedoch, wenn wir eine neue Welt schaffen würden? Eine Welt, in der es die Norm ist, sein volles Potenzial auszuschöpfen.[51]

---

[50] Hagemann greift der Arbeit der Editoren Anmerkungen zu verfassen vorweg, da er zum Zeitpunkt, nicht wusste, dass dieser Text in einem anderen Buch seinen Platz finden würde.

[51] Bis zu diesem Punkt war der Text schon für ein anderes Buch geschrieben. Einige Monate bevor Hagemann sein Buch *Normen* (2023) veröffentlichte, entschied er sich dagegen, diesen als Kommentar gedachten Text zu nutzen. Er empfand diesen Text für seines neues Werk, welches Sie in der Hand halten, passender. Da der Text nicht für dieses Buch geschrieben wurde, schrieb er noch einige Zeilen als Erweiterung.

Um in der Sprache dieses Buches zu bleiben, muss folgendes Bild noch gemalt werden: Es braucht nicht nur Mut, um dem Drachen entgegenzutreten. Wer an sein Gold will, sollte auch die Fähigkeit besitzen, den Drachen besiegen zu können. Es erfordert etwas, das wohl niemand besser ausdrücken konnte als Nietzsche: *Wer mit Ungeheuern kämpft, mag zusehen, dass er nicht dabei zum Ungeheuer wird.* Es ist die Fähigkeit, die Macht zu haben, seine persönlichen Kämpfe zu gewinnen, sie aber nicht für böse Machenschaften zu nutzen. Es ist die archetypische Heldengeschichte. Die Helden unserer Geschichten kämpfen auch gegen mächtige Leute, die ihre Macht jedoch für das Böse nutzen. Der Held ist ebenfalls fähig, zu zerstören, hat seine Macht allerdings unter Kontrolle. Erinnern Sie sich an den Anfang dieser Seite?

Gefahrenpotential

Folgend möchte ich, auf den vorherigen Beitrag aufbauend, den Spruch *Es ist besser ein Krieger in einem Garten zu sein, als ein Gärtner im Krieg* noch weiter in seiner Aussage ausführen. Dieser Spruch fällt in unserer Gesellschaft sehr selten, obwohl sein Inhalt in vielen kulturell bedeutsamen Kunstwerken der Literatur und Filmen von großer Bedeutung ist. Es ist recht offensichtlich, dass der Gärtner im Krieg die Idee widerspiegelt, einen schwachen Charakter in einer Situation wiederzufinden, die Stärke erfordert. Der Gärtner hat nicht die Fähigkeit zur jener Gewalt, die die Situation erfordert. Der Gärtner würde im gnadenlosen Krieg nutzlos untergehen. Der Krieger auf der anderen Seite hat die Kapazität zur Gewalt, benötigt diese aber nicht, da der Garten als Ort des Friedens keine Gewalt erfordert. Der Krieger würde keinen so guten Job in der Gartenarbeit leisten wie der fähige Gärtner, aber er würde nicht untergehen. Nun ist gleich zu Beginn klarzustellen, dass jeder Krieg zu verhindern ist. Nur weil wir Krieger haben, heißt das nicht, dass dies Kriege rechtfertigt. Aber wir Menschen kämpfen viele Arten von Kriegen[52]. Der

---

[52] In der Musik beispielweise durch *Jesus Walks* von *Kanye West* (2004) manifest: *We at war. We at war with terrorism, racism. But most of all we at war with ourselves.*

persönliche Krieg mit dem Drachen. Der Krieg gegen eine Krankheit. Der Krieg gegen den negativen inneren Monolog. Der Krieg gegen einen Mobber. Der Krieg gegen die Versuchungen und Abkürzungen, die uns von unserem Ideal ablenken wollen. Die Schlussfolgerung liegt nahe, dass es ratsam ist, ein Krieger zu sein, der im Krieg fähig ist und im Garten keine Zerstörung anrichtet. So ein Krieger vermag in jeder Situation klarzukommen.

Die Bibel hat ebenfalls diese Ansicht: *Selig sind die Sanftmütigen; denn sie werden das Erdreich besitzen* (Matthäus 5:5). In der englischen Übersetzung wird die Botschaft nicht wirklich klarer: *Blessed are the meek: for they shall inherit the earth.* Dieses Adjektiv besitzt im englischen eine Konnottion der Schwäche und Unterwürfigkeit. Es wird viel über die Übersetzung der Wörter s*anftmütig* bzw. *meek* diskutiert. Solche Diskussionen kommen häufiger vor. So auch in dem Gebot: *Du sollst nicht töten.* Die richtige Übersetzung ist *Du sollst nicht morden*, denn sonst wären wir alle Vegetarier und Pazifisten[53]. Die Idee hinter *sanftmütig* und *meek* ist keine der Schwäche. Das Wort *demütig* scheint die bessere Übersetzung zu sein. *God wants you to be strong but humble. Know your strengths and your limitations and do*

[53] Dies zeugt von Hagemanns Überzeugung, dass die westliche Zivilisation auf christlichen Werten gegründet ist. Eine Haltung, die nicht von der Hand zu weisen ist.

not overemphasize either. Evil loves to devour weak people. A Christlike character is a character of strength in the face of evil. They embodied power under control, strength with forbearance[54]. Bevor wir diese Ideen in den Kontext von Harry Potter einbetten, müssen wir noch kurz über Friedrich Nietzsche sprechen. Viele Menschen, wahrscheinlich alle klüger als ich, haben sich an der Interpretation seiner Schriften versucht. In *Jenseits von Gut und Böse* (1886) sagt er: *Wer mit Ungeheuern kämpft, mag zusehen, dass er nicht dabei zum Ungeheuer wird. Und wenn du lange in einen Abgrund blickst, blickt der Abgrund auch in dich hinein.* Nietzsche mahnt uns, nicht die Kontrolle zu verlieren und selbst zum Ungeheuer zu werden. Wir kämpfen unser Leben lang mit Ungeheuern. Es ist die gleiche Idee hinter dem Wort Krieg. Ich denke, dass wir vor den Ungeheuern nicht zurückschrecken dürfen, egal wie grässlich sie aussehen mögen. Wir müssen uns in sie hineinversetzen können, damit wir sie besiegen können. Dabei müssen wir Charakterstärke beweisen, um nicht wie sie zu werden. Der Abgrund wird in uns hineinschauen, sobald wir gegen Ungeheuer kämpfen und Kriege führen. Aber es liegt an uns zu entscheiden, ob der Abgrund uns einnimmt

---

[54] Hier werden zwei Kommentare des Forums hermeneutics.stackexchange.com zitiert. Die Fragenummer lautet: 31293.

oder ob wir den Mut und die Stärke aufweisen uns nicht aufzugeben[55].

Harry Potter ist ein Phänomen für sich. Es ist die meistverkaufte Buchreihe der Welt. Es ist nicht nur hervorragend geschrieben, sondern bietet auch eine immens große Welt, viele Charaktere zum Verlieben und eine durchgängige Story. Doch wie auch bei *Peter Pan*[56] gibt es noch etwas anderes, was die Leserinnen und Leser anzieht. In den Büchern lassen sich viele nicht ausgesprochene, extrem relevante Ideen finden. Wir werden uns vor allem um den dritten Punkt kümmern.

- Brich Regeln, wenn es notwendig erscheint.
- Freundschaft und Liebe sind die stärksten Mächte.
- Das Potenzial für Gefahr ist gefährlich in schwachen Menschen und notwendig in starken Menschen.

Harry hat auf eine besondere Weise das Böse in sich, aber auch viele andere Charaktere haben erkannt, dass das Böse existiert. Sie haben auch das Potenzial, Böses zu tun, Harry und seine Freunde in der Form

---

[55] Hagemann beginnt zwar mit der Erwähnung von Interpretationen von Experten Nietzsches, doch er fährt mit seiner eigenen Interpretation fort.

[56] Peter Pan ist eines von Hagemanns Lieblingsbeispielen, für Geschichten, die mehr darbieten als nur ihren eigenen Plot.

von Regelbrüchen. Dumbledore, der wohl mächtigste Zauberer, war in seiner Jugend kurz davor, den bösen Weg einzuschlagen. Am Ende war er stark genug, seine Macht für das Gute zu nutzen. Konträr dazu steht Fudge, der Minister des Zauberei-Ministeriums. Er scheint keine Vorstellung vom Bösen zu haben. Völlig blind steht er der Rückkehr des dunklen Lords gegenüber. Diese Schwäche hat die gesamte Welt in Gefahr gebracht. Voldemorts Schwäche ist der Weg, den er eingeschlagen hat. Es mangelte ihm an emotionaler und mentaler Stärke. Er wurde verbittert, rachsüchtig und das reine Böse.

Harry hätte denselben Weg einschlagen können. Er hätte verbittert und rachsüchtig werden können. J. K. Rowling hätte sich keine schlimmere Familie für Harry ausdenken können. Man hätte es verstanden, wenn Harry zum Bösewicht der Geschichte geworden wäre. Aber wie die anderen Helden unserer Geschichten hat er den Weg des Helden eingeschlagen. Er hat das Böse gesehen und die Stärke bewiesen, sich nicht darauf einzulassen. Harte Arbeit und Mut haben ihn zu einem starken Zauberer und Krieger gemacht. Er hat Disziplin und stärkere Kontrolle über seine Kräfte erlangt. Beispielsweise spielt er den Dursleys gegen Ende keine Streiche mehr. Zu Beginn seiner Heldenreise hat er noch seine Tante fliegen lassen.

Unwissenheit gegenüber dem Bösen signalisiert keine Tugendhaftigkeit. Sich das Böse nicht vorstellen zu können, signalisiert nicht, dass man gut ist, sondern feige. Stärke und Tugendhaftigkeit ist, sich das Böse vorstellen zu können und diesem nicht unterliegen. Es braucht Mut, in die Abgründe der menschlichen Bosheit zu blicken. Zaubereiminister Fudge wurde bereits erwähnt, aber auch Professor Slughorn ist hier definitiv anzusprechen. Er war es, der Tom Riddle die Horcruxe erklärte. Anders als Tom Riddle hatte er nicht die Vorstellungskraft, nicht den Mut so weit Richtung Bosheit (Nietzches Abgrund) zu schauen. Jeder mit mehr Vorstellung für das Böse siegt. Stellen Sie sich den Ausgang der Geschichte vor, wenn nur Fudge und das Zauberreiministerium in ihrer Ignoranz für Frieden hätte sorgen müssen. Gut und Böse unterscheiden sich nicht ultimativ durch die Vorstellungskraft für das Böse, sondern auch durch die Entscheidung dafür oder dagegen. Slughorns Feigheit bestätigt sich durch die Löschung seiner Erinnerung an das Gespräch mit Tom Riddle.

Vielleicht stellt Harry als Figur die beste Heldenreise in der Literatur dar. Das Potter Universum scheint mir ungefähr so populär wie das Star Wars Universum. Mit Star Wars verhält es sich sehr ähnlich wie mit Harry Potter. Sehr erfolgreich, mit mehr Tiefe als auf den ersten Blick erkennbar. Luke ist wohl das Beispiel des Helden in der Filmgeschichte. Wie Harry hat Luke das Böse im Blut. Die Stärke ihres Charakters lässt sie für das Gute kämpfen. Dies sind

Heldentaten, zu denen wir aufschauen und uns für unser eigenes Leben ein Beispiel nehmen sollten.

Der Abgrund, das Böse, hat in Harry hineingeschaut. Er kämpft mit Ungeheuern. Er hat Mut und Stärke aufgebracht, nicht selbst zum Monster zu werden. Denn die Macht dazu hätte er sicher gehabt. Er verkörpert Macht unter Kontrolle, Stärke mit Nachsicht[57]. Dasselbe lässt sich über Luke sagen. Fabelhafte Vorbilder tugendhafter Leben, an denen wir uns alle ein Beispiel nehmen sollten. Feigheit und Naivität, wie sie Fudge und Slughorn repräsentieren, geben dem Bösen den nötigen Platz, um zu wachsen und zu gedeihen.

Das gewachsene Böse, welches die Welt tyrannisiert, wird im fünften Teil der Harry Potter Reihe durch Professor Umbridge verkörpert. Sie ist eine mächtige Hexe und nutzt ihre Fähigkeiten und ihren Einfluss für das Böse. Es braucht Helden, Menschen, die ebenfalls mächtig sind, Mut haben und all ihre Fähigkeiten dem Guten verschreiben, um den Bösen die Stirn zu bieten. Nur wenige Schülerinnen und Schüler treten Dumbledors Armee bei. Sie lernen das Kämpfen, in dem vollem Bewusstsein, die aus dem Weg zu räumen, die ihren Idealen im Weg stehen.

---

[57] Hagemann übersetzt, dass von ihm am Anfang dieses Essays eingesetzte Zitat: *They embodied power under control, strength with forbearance.*

Wenn sich keiner Umbrigde gestellt hätte, kann keiner sagen wie lange ihre Tyrannei angehalten hätte. Fred und George bewiesen Mut die Prüfungen mit Drachenfeuerwerk zu stören. Der Film zeigt wunderbar, wie sie für ihre Heldentat gefeiert werden und dies zurecht. Die Menschen brauchen Helden in ihrem Leben, die das Böse in Schach halten. Nun stellen Sie sich vor, dass jeder einzelne Schüler von Hogwarts die Ambitionen gehabt hätte, ein Held zu werden. Wie schnell wäre Umbridge´s Tyrannei zu Ende gewesen und wie viel Leid hätte verhindert werden können, wenn alle den Mut gehabt hätten, ihr zu trotzen?

Lassen Sie mich hier Bezug zu der schlimmsten Tyrannei der Weltgeschichte nehmen und Ihnen ans Herz legen, das Buch, aus dem die folgenden Zitate stammen, zu lesen. Wie schnell hätte Umbridge´s Tyrannei beendet oder etwa die Rückkehr Voldemords verhindert werden können? Eddie Jaku fragte im Grundsatz dieselbe Frage. Er erinnert sich an die Kristallnacht, in der seine Freunde und Nachbarn an den Schreckenstaten mitmachten.

If enough people had stood up then, on Kristallnacht, and said ´´Enough! What are you doing? What is wrong with you?´ then the course of history would have been different. But they did not. They were scared. They were weak. And their weakness allowed them to be manipulated into hatred[58].

Die Helden in unseren Geschichten und die Helden in der echten Welt sind stark, fähig zur Gewalt, doch anders als die Bösen, nutzen sie ihre Fähigkeiten für das Gute. Es hat Jahre gedauert, bis die Guten mit Gewalt den Holocaust beendeten. In *Harry Potter* waren es nur vereinzelte Personen, die sich Umbridge´s Tyrannei stellten.

Es scheint mir nicht ratsam, auf den Helden zu warten, der vielleicht niemals kommen mag. Seien Sie gewiss, dass auch Sie das Potenzial zum Helden haben. Wahrscheinlich werden Sie nicht der Star der Show wie es Harry war, aber jeder mutige Charakter leistet seinen Beitrag zu einer friedlichen Welt.

---

[58] Hagemann zitiert das Buch *The happiest man on earth* von Eddie Jaku (2020). Der Holocaustüberlebende erhielt 2013 mit dem OAM (Medal of the Order of Australia) eine der höchsten zivilen Auszeichnungen Australiens.

Gewöhnliche Idioten

Auch wenn es eine gewisse Zeit dauert, bis man in Dostojewskis *Der Idiot* (1869) ankommt, ist recht schnell zu erkennen, wer der Idiot in der Geschichte ist. Prinz Myschkin hat zwei primäre Charaktereigenschaften, die ihm unter den anderen Figuren den Titel des Idioten bescheren. Und als Leser kommt man nicht daran vorbei, sich manchmal an die Stirn zu schlagen. Es ist nicht seine Intelligenz, die ihm im Weg steht. Man könnte ihm jedoch unterstellen, dass er nicht versteht, weshalb das Leben ihm nicht immer wohlgesonnen ist. Vielleicht ist es Prinz Myschkin auch bewusst, inwiefern ihn seine Eigenschaften nicht erfolgreich sein lassen, und er akzeptiert diesen Umstand. In Dostojewskis Gesellschaftskritik, die unter anderem von Dekadenz, Egoismus und Korruption geprägt ist, erscheint Prinz Myschkin mit seiner Naivität und Ehrlichkeit als Idiot. Er spricht seine Gedanken frei heraus und glaubt Worten, die offensichtlich eine Lüge sind. Zum einen wird er für seine kindliche, frische und offene Art als bewundernswert empfunden, zum anderen nutzen die Figuren seine Eigenschaften gnadenlos zu ihren eigenen Vorteilen aus. Seine Ideale können in dieser Welt keinen Fuß fassen. Prinz Myschkin ist von Güte und Mitgefühl geprägt. Er ist unfähig, die dunklen Seiten der

Menschen zu erkennen. Sie sind oft direkt vor seiner Nase, aber er scheint blind für sie zu sein. Diese Naivität macht ihn schutzlos vor der Korruption anderer, die seine Ehrlichkeit zu seinem Leiden ausnutzen. Etwas in einem hofft, dass er es schafft, eine Frau für sich zu gewinnen, und dennoch verspürt man kein großes Mitgefühl, wenn es nicht klappt, da er sich seine Niederlage selbst zuzuschreiben hat. Er lebt teilweise in seiner eigenen Welt, weil ihn seine Naivität die Realität nicht sehen lässt. Denn die Realität ist, dass es Menschen gibt, die sehr wohl gewillt sind, andere zu hintergehen und alles zu ihrem Vorteil zu nutzen, auch wenn dies bedeutet, anderen zu schaden. Es ist ein eine infantile Vorstellung, in einer Welt zu leben, in der kein Mensch die Kapazität für Böses hat. Mit seiner Naivität kommt er in der Realität nicht weit und er leidet darunter. Den gegenteiligen Weg einzuschlagen und zynisch zu werden, scheint auch nicht der richtige zu sein. Man kann zwar nur noch schwer betrogen werden, aber man entfremdet sich von den Menschen. Wie Prinz Myschkin Peter Pan[59] zu bleiben ist, wie sich dem

[59] Erneut findet sich Peter Pan in einem Vergleich wieder. Hier als Beispiel für kindliche Naivität und dem Entkommen der Realität, also dem Erwachsen werden. Den merkwürdigen Umstand, dass es keinen ausschließlich Peter Pan gewidmeten Essay von Hagemann gibt, ist dem Fakt zu schulden, dass er die Originalgeschichte während des Schreiben dieses Buches noch nicht gelesen hat. In seinem Essay *Peter Pan und Pinocchio* wird Peter Pan im Gegensatz zu Pinocchio nie zitiert, denn Pinocchio hat Hagemann gelesen.

Zynismus hinzugeben. Es nicht der richtige Weg in eine erfüllte Zukunft. Balance sollte herrschen. Aus Naivität einer Person zu vertrauen ist fahrlässig. Es ist das Erkennen des potenziellen Bösen und die aktive Entscheidung zu vertrauen, was eine Person tugendhaft macht. Starke Menschen haben den Mut, trotz des potenziellen Betrugs anderen Menschen zu vertrauen. Jeder von uns trägt eine Schlange in sich, und anhand der Stärke unseres Herzens können wir unser Vertrauen messen.

Ich glaube an das Gute im Menschen, aber ich bin auch nicht mehr naiv genug zu glauben, dass der Mensch nicht zu grausamen Dingen fähig ist. Und damit sind keineswegs Ausnahmesituationen, wie Kriege und Terrorangriffe bzw. Ausnahmepersonen, wie Hitler oder Dahmer gemeint. Gewöhnliche Menschen sind zu schlimmen Dingen fähig. Und rümpfen Sie nicht die Nase und meinen, Sie seien die Ausnahme. Statistisch gesehen sind Sie es nicht. Wenn Sie ernsthaft glauben, dass Sie zur NS-Zeit kein Nazi geworden wären, dann muss ihr moralischer Kompas extrem gut funktionieren. Viel wahrscheinlicher ist, dass Sie entweder sich überhaupt nicht mit dem Thema beschäftigt haben, zu wenig Holocaust-Literatur gelesen haben, ihre Kapazität böses zu tun noch nicht erkannt haben oder sich völlig überschätzen. Das Argument, dass man damals einfach die Seiten wechseln musste, um zu überleben, kennzeichnet eine Überlebensstrategie, die davon zeugt, dass eigene Leben über die eigene

Moral zu stellen. *If you lose your morals you lose yourself*[54].

Unsere Kulturen haben das Konzept bereits verstanden, nur denken wir so nicht darüber nach. Es gibt in verschiedenen Ländern ähnliche Sprichwörter, die beschreiben: Wer von der Norm abweicht, muss mit Konsequenzen rechnen. *The nail that sticks out gets hammered down*, oder *Wer den Kopf über die Menge erhebt, dem schlägt der Wind ins Gesicht*. Nietzsche nannte es die Herdenmoral. Grundsätzlich stellte er die Moral in Frage. Wir verwechseln Moral mit Feigheit. Nietzsche argumentierte, dass Menschen aus Angst vor Konflikten, Bestrafung und gesellschaftlicher Ablehnung bereit sind, sich den vorherrschenden moralischen Normen anzupassen. Wir machen nichts Böses, weil wir gut, sondern feige, schwach und überhaupt nicht körperlich dazu fähig sind. Klar ist es auf die NS-Zeit rückblickend einfach, die Menschen als feige zu kritisieren, weil sie ihre Moralien verkauft haben. Doch dies ist Teil unserer Geschichte und darf nie vergessen werden.

Sind Sie also aus Tugend und Moral nicht böse? Oder haben Sie Angst davor, Ihren bösen inneren Teil in der Welt zu manifestieren? Haben Sie Angst vor Konsequenzen, wenn Sie das tun was Sie für richtig halten? Haben Sie überhaupt die Kraft und das Geschick etwas böses zu tun? Und wenn ja, was lässt Sie glauben, dass Sie die Kraft und das Geschick haben, böses zu verhindern oder zu unterbinden?

Hier sind drei Beispiele, die Ihnen zeigen, was in den Menschen steckt, wenn sie sich nicht aktiv die Frage stellen, ob sie gut sind oder das Richtige tun. Die letzten zwei werden Sie an Nietzsches Herdenmoral erinnern. Diese wird besonders gefährlich, wenn das Böse die Norm wird und sich keiner traut, den Kopf über die Menge zu erheben.

Beispeil 1

In Zeiten persönlicher emotionaler Schwäche, wenn niemand um mich herum ist, manifestiert sich mein Potenzial für Gewalt – zum Glück jedoch nur, wenn ich vor einem Bildschirm sitze und ein Videospiel spiele. Ich darf mir auf die Schulter klopfen, dass ich stark genug bin, mich in keinem anderen Lebensbereich unpassender Boshaftigkeit und Aggression zu unterwerfen. Gelitten haben vor allem billige Ikea-Tische, die den Zorn meiner Faust zu spüren bekamen. Auch wenn es billige Tische waren, ist es sicherlich kein leichtes, ein Loch in sie hineinzuschlagen. Ebenso bin ich nicht stolz auf kaputte Controller, die unter anderem schnell das Fliegen gelernt haben. Es passiert Schritt für Schritt, dass einem im Spielverlauf etwas nicht passt. Man verliert seine spielerische Leichtigkeit, das Spiel wird immer ernster und das Gewinnen immer wichtiger. Jede Niederlage senkt die Latte, und der Kipppunkt kommt immer näher. Und dann – Boom. Frustration und Wut über ein Videospiel machen sich breit, und man verliert sich darin. Dies sind wohl meine schwächsten Momente.

Beispiel 2

Das Milgram-Experiment ist eine berühmte sozialpsychologische Studie, die 1961 von Stanley Milgram durchgeführt wurde. Milgram wollte verstehen, warum Menschen in autoritären Situationen bereit sind, unethische oder unmenschliche Handlungen auszuführen, selbst wenn diese ihren eigenen moralischen Überzeugungen widersprechen. Das Experiment umfasste drei Hauptbeteiligte: den Versuchsleiter (Autoritätsperson), den Lehrer (Probanden) und den Lernenden (einen Schauspieler). Die Probanden wurden angewiesen, einem Lernenden elektrische Schocks zu verabreichen, wenn dieser Fehler in einem Gedächtnistest machte. Die Schocks wurden von leicht (15 Volt) bis gefährlich (450 Volt) gesteigert. Das Experiment zeigte, dass viele Probanden bereit waren, die Schocks bis zur maximalen Stärke von 450 Volt zu verabreichen, selbst wenn der Lernende scheinbar große Schmerzen empfand und um Gnade flehte. Der Großteil der Teilnehmer folgte den Anweisungen des Versuchsleiters, obwohl sie moralische Bedenken hatten. Das Milgram-Experiment legte nahe, dass Menschen in autoritären Situationen, insbesondere wenn eine Autoritätsperson die Verantwortung für ihre Handlungen übernahm, dazu neigten, ethisch fragwürdige Anweisungen auszuführen. Es verdeutlichte die Macht des sozialen Drucks und des Gehorsams gegenüber Autoritätspersonen, selbst wenn diese Handlungen ihren eigenen moralischen Überzeugungen widersprachen.

Beispiel 3

Gewöhnliche Männer: Reserve-Polizei-Bataillon 101 und die Endlösung in Polen von Christopher R. Browning (1992) zeigt beeindruckend, wie aus normalen Männern eiskalte Tötungsmaschinen wurden, die in Polen während des Holocausts an Massenerschießungen beteiligt waren. Aus gewöhnlichen Polizisten wurden Menschen, die nackte schwangere Frauen erschossen. Diese Männer waren bereits vor der Machtergreifung Hitlers erwachsen geworden und waren nicht mit der Propaganda großgeworden oder Teil der Hitlerjugend. Außerdem wurden sie nicht gezwungen, in Polen zu bleiben oder an den Erschießungen teilzunehmen. 15 von 500 Männern entschieden sich gegen die Ermordung von Juden. Blinder Gehorsam, Karrierismus und Anpassung sind ein Teil der Faktoren, die aber niemals uneingeschränkt zu betrachten sind. *Was man von der Geschichte des Reserve-Poilizeibatallions 101 vor allem mitnimmt ist großes Unbehagen. [...]. Die Reserve-Polizisten hatten Wahlmöglichkeiten und die meisten von ihnen begingen schreckliche Untaten. [...]. Die Verantwortung liegt letztendlich bei jedem einzelnen.*

Besonders Beispiel 2 und 3 zeigen, dass der Durchschnittsmensch zu den grausamsten Taten fähig ist, solange eine Autorität dies befiehlt. Das Konzept der Autorität muss dennoch in Frage gestellt werden, da jeder Mensch mehr oder weniger freiwillig diese Taten vollzog. Niemand hat den Menschen eine Waffe an den Kopf gehalten, damit sie tun, was sie taten. Der schwache Geist der Menschen lässt sie nicht aus der Menge herausstechen und sich für ihre eigene Moral einsetzen. Wie Nietzsche sagt, ist der Mensch feige. Feigheit ist eine Schwäche. Schwache Menschen sind zu Bösem fähig. Es bedarf starker Menschen, die den Mut haben, sich für ihre Moral einzusetzen. Starke Menschen sind nicht gefährlich. Menschen sind gefährlich, wenn sie schwach sind und ihre Moral leicht der Korruption zum Opfer fällt. In der Kampfkunst ist diese Idee fest verankert. Es ist keine Kunst, weil gelernt wird, einen Gegner effektiv auszuschalten. Dies ist der eine Teil der Ausbildung. Es geht vor allem um Disziplin. Kampfkünstler, die sehr mächtig und gefährlich sind, haben dies aber unter Kontrolle.

Die bereits angesprochene Diskussion über Matthäus 5:5 wurde durch die Übersetzung des Vers von Jordan B. Peterson ins Rollen gebracht, der ihn wie

folgt darlegte: *Those who have swords and know how to use them but keep them sheathed will inherit the world.* Wie wir gesehen haben, ist es eine nicht ganz korrekte Übersetzung, aber auch keine völlig absurde. Ob nun Kampfkünstler, Polizisten oder der gewöhnliche Mann, der seinen Drachen besiegen will. Wir scheinen aufgerufen zu sein, uns stark zu machen und zu lernen, diese Macht diszipliniert zu kontrollieren. Auch in der islamischen Lehre finden wir einen sehr ähnlichen Ausdruck dieser Idee in der Sammlung Al-Adab Al-Mufrad 1317: *Abu Hurayra reported that the Messenger of Allah, may Allah bless him and grant him peace, said, The person who is strong is not strong because he can knock people down. The person who is strong is the one who controls himself when he is angry.*
Ohne diese Kapazität für, nennen wir es Gewalt, werden wir die Drachen nie besiegen können. Und eine Welt, die von Drachen beherrscht wird, gehört definitiv nicht dem Menschen.

Die Idee, sein Schwert unter Kontrolle zu halten, wird in der Bibel mit einem ihrer berühmtesten Bilder verdeutlicht. Matthäus 5:39 *Wenn dich jemand auf die rechte Wange schlägt, dann halte ihm auch die andere hin.* Leider wird dieses von vielen Menschen missverstanden und als Ausdruck für Schwäche und ähnliche damit assoziierte Worte genommen. Doch die andere Wange hinzuhalten ist wohl das wahre Gegenteil von Feigheit. Dieser Mut und diese Stärke werden auch 2000 Jahre[60] später in unseren beliebten Filmen und Serien dargestellt. Im erfolgreichsten Manga der Welt One Piece gibt es diese Darstellung gleich zweimal. Die Hauptfigur Ruffy sieht als Kind dabei zu, wie sein Vorbild, einer der stärksten Piraten in der gesamten Serie, von einem lausigen Bergbanditen verhöhnt und mit Drinks überschüttet wird. Shanks lässt sich alles gefallen und fängt an zu lachen, als die Situation vorbei ist. Ruffy ist außer sich, denn echte Piraten würden sich dies niemals gefallen lassen. Shanks sagt ihm: *Die haben nur etwas Sake verschüttet. Kein Grund, um wütend zu werden.* Kurz darauf wird Ruffy von dem Banditen entführt. Shanks und seine Crew zeigen den Banditen, wo ihr Platz ist. Die Banditen hätten auch in der Bar schon verprügelt werden können. Das Schwert wurde zurückgehalten, bis zu dem Moment, als es wirklich notwendig wurde. Jahre später lassen sich Ruffy und seine rechte Hand verprügeln, ohne sich zu wehren. Es war kein Kampf, den sie würdig hielten zu kämpfen. Blackbeard, ebenfalls einer der stärksten Figuren, erklärt die Situation vollends: *Wenn man hoch hinaus will, stößt man manchmal auf Kämpfe, die es nicht wert sind, ausgetragen zu werden.* Später, als es um etwas Bedeutsames ging, machte Ruffy den Kapitän der Prügler mit einem Schlag kalt.

---

[60] Eine Ungenauigkeit von Hagemann. Die genaue Zeitspanne scheint ihm nicht wichtig zu sein.

Auch in einer ganz anderen Welt kommt diese Idee zum Ausdruck. Im Film 42 – Die wahre Geschichte einer Sportlegende (Brian Helgeland, 2013) spielt Harrison Ford den Präsidenten und Manager der Brooklyn Dodgers. Er spricht mit Jackie Robinson über einen Vertrag und darüber, was er von ihm verlangt, damit er ihm einen Platz im Team gibt. Es ist nicht die Frage, ob Jackie gut im Baseball ist. Ford fragt ihn, ob er sein Temperament kontrollieren könne. Der Film spielt in den 1940ern. Ein schwarzer Mann im weißen Baseball wäre mehr als eine Sensation und würde keine positiven Reaktionen, sondern Hass hervorrufen. Ford zitiert in dem Gespräch zwar nicht Jesus, aber wie ich finde, ist er sehr nah dran, wie er später selbst bestätigt, indem er die andere Wange erwähnt: *I want a player who has got the guts not to fight back*. Ein paar Sätze später folgt die Erklärung, was er damit meint: *Your enemy will be out in force, and you cannot meet him on his own low ground.*

Die Heldenreise

Die Heldenreise ist ein universelles erzählerisches Muster, welches in vielen Geschichten, der Literatur und dem Film auftaucht. Es beschreibt den Weg eines Helden, der oder die sich auf eine Abenteuerreise begibt, um persönliches Wachstum zu erfahren, Hindernisse zu überwinden und eine Transformation durchzumachen. Die Grundidee der Heldenreise umfasst verschiedene Schlüsselstufen, die einen charakteristischen Weg beschreiben.
Eine der eindrucksvollsten Darstellungen dieses archetypischen Musters findet sich in J.R.R. Tolkiens Der Hobbit.

Die Berufung des Helden:

In Der Hobbit ist der Held Bilbo Beutlin, ein schüchterner und friedliebender Hobbit, der in seinem gemütlichen Zuhause lebt. Sein ruhiges Leben wird durch den Zauberer Gandalf erschüttert, der Bilbo zur Teilnahme an einem gefährlichen Abenteuer, der Wiederbeschaffung des verlorenen Zwergenschatzes, auffordert.

Die Verweigerung der Berufung:

Bilbo weigert sich zunächst, Gandalf und die Zwerge zu begleiten, da er denkt, er sei für ein solches Abenteuer ungeeignet. Er ist von Angst und Zweifeln geplagt, aber schließlich entscheidet er sich doch, die Reise anzutreten.

<u>Die Begegnung mit dem Mentor:</u>
Mentor ist der Zauberer Gandalf, der ihm nicht nur Schutz bietet, sondern auch Ratschläge und Anleitung gibt. Gandalf fungiert als Bilbos Mentor und weist ihm den Weg.

<u>Die Überwindung von Hindernissen:</u>
Bilbo und die Zwerge begegnen zahlreichen Prüfungen und Hindernissen, darunter Trolle, Orks und Spinnen. Bilbo überwindet seine Ängste und entwickelt Fähigkeiten, die er zuvor nicht für möglich gehalten hatte.

<u>Die innere Wandlung:</u>
Während der Reise entwickelt Bilbo Mut, Entschlossenheit und List. Seine innere Wandlung zeigt sich, als er den Zwergenkönig Thorin vor dem Drachenschatz warnt, statt sich wie zuvor von Gier verleiten zu lassen.

<u>Die Rückkehr:</u>
Bilbo kehrt am Ende der Reise in sein gemütliches Zuhause zurück, aber er ist nicht mehr derselbe Hobbit, der er zu Beginn war. Er hat Abenteuer erlebt und eine tiefgreifende Veränderung in sich selbst erfahren.

Die Heldenreise von Bilbo Beutlin in Der Hobbit ermutigt uns, unsere eigenen Ängste und Unsicherheiten zu überwinden und uns auf Abenteuer und Herausforderungen einzulassen. Sie zeigt, dass wir in der Lage sind, über uns selbst hinauszuwachsen und uns in unerwarteten Situationen zu bewähren. Es erinnert uns daran, dass die Reise des Helden nicht immer vorhersehbar ist und dass sie uns wertvolle Einsichten und Erkenntnisse über uns selbst und die Welt um uns herum bringen kann. Genau wie Bilbo Beutlin können auch wir auf unsere eigene Heldenreise gehen. Es ermutigt uns, unsere Komfortzone zu verlassen, uns unseren Ängsten zu stellen und unsere inneren Ressourcen zu entdecken. Die Heldenreise erinnert uns daran, dass in jedem von uns ein Held steckt, der darauf wartet, entdeckt und gelebt zu werden. Und wer weiß, welche aufregenden Abenteuer und Entdeckungen auf uns warten, wenn wir uns nur auf den Weg machen.

Ein weiteres Beispiel ist Spider-Man (Sam Raimi, 2002):

Die Berufung des Helden:

Peter Parker, ein schüchterner und unscheinbarer Highschool-Schüler, lebt ein relativ gewöhnliches Leben. Sein Leben nimmt eine dramatische Wendung, als er von einer radioaktiven Spinne gebissen wird und plötzlich übermenschliche Kräfte entwickelt.

Die Verweigerung der Berufung:
Zunächst weigert sich Peter, seine neu entdeckten Kräfte zu nutzen, da er die Verantwortung und die Konsequenzen nicht tragen will. Er missbraucht seine Fähigkeiten sogar, um seinen eigenen Nutzen zu steigern.

Die Begegnung mit dem Mentor:
Der Tod seines Onkels Ben, der ihm die wichtige Lektion lehrt, dass *Aus großer Kraft große Verantwortung kommt*, fungiert als eine Art Weckruf und moralischer Kompass für Peter. Dieser Verlust führt zu seiner Reife und ist ein Schlüsselmoment in seiner Heldenreise.

Die Überwindung von Hindernissen:
Peter nimmt seine Rolle als Spider-Man an und beginnt, die Verbrechen in der Stadt zu bekämpfen. Dabei stößt er auf zahlreiche Herausforderungen und Feinde, einschließlich des grünen Kobolds.

Die innere Wandlung:
Im Laufe des Films entwickelt Peter sich nicht nur physisch weiter, sondern auch emotional. Er wird reifer, verantwortungsbewusster und selbstbewusster. Die Entscheidung, die Identität des

Spider-Man zu akzeptieren und für das Wohl anderer einzutreten, führt zu seiner inneren Transformation.

Die Rückkehr:
Der Film endet mit Peter, der sein neues Selbst als Spider-Man akzeptiert hat und weiterhin Verbrechen bekämpft, während er sich gleichzeitig um seine Familie und Freunde kümmert.

Spider-Man ermutigt uns, unsere eigenen inneren Konflikte und Herausforderungen anzunehmen, und erinnert uns daran, dass wir die Fähigkeit zur Veränderung und zur Überwindung von Hindernissen in uns tragen. Er zeigt, dass wir unsere Stärken nutzen können, um anderen zu helfen und Verantwortung für unsere Taten zu übernehmen. Genau wie Peter Parker in Spider-Man können auch wir auf unsere eigene Heldenreise gehen. Die Geschichte erinnert uns daran, dass in jedem von uns ein Held steckt, der darauf wartet, entdeckt und ausgelebt zu werden. Unsere eigene Reise mag zwar nicht so spektakulär sein wie die eines Superhelden, aber sie kann genauso bedeutsam und erfüllend sein. Es ist an der Zeit, unsere eigene Berufung anzunehmen und auf unsere eigene Reise zu gehen.

Die Heldenreise nimmt in der Kung Fu Panda (M. Osborne & J. Stevenson, 2008) eine besondere und humorvolle Wendung. Der Film verkörpert die Grundideen der Heldenreise, jedoch auf eine einzigartige und zugängliche Weise für Zuschauer aller Altersgruppen:

Die Berufung des Helden:
Po ist ein einfacher Nudelverkäufer und ein großer Fan von Kung Fu. Der weise Meister Oogway wählt Po aus, der Drachenkrieger zu werden.

Die Verweigerung der Berufung:
Zu Beginn weigert sich Po, sich auf dieses Abenteuer einzulassen. Er zweifelt an sich selbst und glaubt, dass er als dicker, tollpatschiger Panda niemals ein Kung-Fu-Meister sein kann.

Die Begegnung mit dem Mentor:
Po trifft auf die Furious Five, erfahrene Kung-Fu-Kämpfer, die unter der Anleitung von Meister Shifu stehen. Shifu wird zu Pos Mentor und hilft ihm dabei, seine Fähigkeiten zu entwickeln.

Die Überwindung von Hindernissen:
Po muss zahlreiche Herausforderungen bewältigen, um ein Kung-Fu-Meister zu werden. Dazu gehören physische und mentale Prüfungen sowie die Konfrontation mit seine eigenen Selbstzweifel.

Die innere Wandlung:
Im Laufe der Filme entwickelt sich Po nicht nur zu einem beeindruckenden Kung-Fu-Kämpfer, sondern auch zu einem selbstbewussten und mutigen

Charakter. Er lernt, seine Einzigartigkeit als Stärke zu nutzen.

Die Rückkehr:
Po kehrt als Drachenkrieger zurück, um das Tal des Friedens zu schützen und die bösen Kräfte zu besiegen. Er übernimmt Verantwortung und zeigt wahre Größe als Kung-Fu-Meister.
Die Kung Fu Panda-Filmreihe ermutigt uns auf humorvolle Weise, an uns selbst zu glauben, ungeachtet äußerlicher Unterschiede oder persönlicher Zweifel. Sie zeigt, dass wahre Stärke von innen kommt und dass jeder von uns in der Lage ist, seine eigenen Heldenreise zu erleben. Es spielt keine Rolle, wie ungewöhnlich oder unkonventionell jemand sein mag, denn oft sind es gerade diese Eigenschaften, die uns einzigartig machen und uns auf unserer Reise zu Heldentum und Selbstakzeptanz begleiten. Die Kung Fu Panda-Filmreihe verdeutlicht, dass die Heldenreise nicht immer ernsthaft und dramatisch sein muss, sondern dass sie auch mit Humor und Spaß erlebt werden kann. Es ist eine Erinnerung daran, dass wir alle die Fähigkeit zur Veränderung und zur Entfaltung unseres wahren Potenzials in uns tragen, unabhängig von unseren Anfängen oder äußeren Umständen. So wie Po zum Drachenkrieger wurde, können auch wir in unserem Leben zu unseren eigenen Helden werden.

Friedrich Nietzsche war ein deutscher Philosoph, der im 19. Jahrhundert lebte und einige Ansichten zur Heldenentwicklung hatte, die sich in gewisser Weise mit dem Konzept der Heldenreise in Geschichten wie Spider-Man oder Der Hobbit überschneiden, jedoch auch wichtige Unterschiede aufweisen.

Nietzsche war ein Kritiker traditioneller moralischer Werte und glaubte, dass der Übermensch ein Ideal sei, das über den konventionellen moralischen Normen und Konventionen stünde. Er argumentierte, dass Menschen ihre eigenen Werte schaffen sollten, anstatt sich an vorgegebenen Normen zu orientieren. In diesem Sinne ermutigte Nietzsche zur Selbstentwicklung und zur Erschaffung eines individuellen Wertesystems.

In Verbindung mit dem Aufsatz über Spider-Man und Der Hobbit können wir einige Parallelen und Unterschiede zwischen Nietzsches Ideen und der Heldenreise erkennen:

Parallelen:

Selbstentwicklung: Sowohl Nietzsche als auch die Heldenreise betonen die Bedeutung der individuellen Selbstentwicklung. In Spider-Man und Der Hobbit erfahren die Hauptfiguren Peter Parker und Bilbo Beutlin eine innere Transformation und entwickeln sich zu stärkeren, verantwortungsvolleren Personen.

Verantwortung: In beiden Fällen ist die Übernahme von Verantwortung ein Schlüsselelement. Nietzsche betonte die Notwendigkeit, die Verantwortung für die Schaffung eigener Werte zu übernehmen, während in den Filmen die Helden Verantwortung für ihre Kräfte und Handlungen übernehmen.

Unterschiede:

Konvention vs. Rebellion: Während Nietzsche die Konventionen der traditionellen Moral ablehnte und die Schaffung individueller Werte förderte, sind Geschichten wie Spider-Man und Der Hobbit eher konformistisch. Die Helden entsprechen in gewisser Weise den gängigen moralischen Normen und Werten, Verantwortung, Mut und Opferbereitschaft.

Gesellschaftliche Integration: Nietzsche betonte die Abgrenzung vom Herdentum und die Notwendigkeit, sich von der Masse abzuheben. In den Filmen streben die Helden nach Integration in die Gesellschaft und danach, Gutes zu tun, anstatt sich von der Masse abzuheben.

Helden vs. Übermenschen: Nietzsche strebte nach der Entwicklung von Übermenschen, die ihre eigenen Werte schaffen und die Welt transformieren. In den Filmen sehen wir eher traditionelle Helden, die bestehende Werte aufrechterhalten und die Welt vor Gefahren schützen.

Insgesamt kann gesagt werden, dass Nietzsche und die Heldenreise ähnliche Themen der Selbstentwicklung und Verantwortungsbereitschaft teilen, jedoch in Bezug auf die Konventionen, das Verhältnis zur Gesellschaft und das Ziel der Entwicklung wesentliche Unterschiede aufweisen. Während Nietzsche die Schaffung eines individuellen Wertesystems betonte, betonen Geschichten über Helden wie Spider-Man und Der Hobbit die Einhaltung konventioneller moralischer Normen und die Integration in die Gesellschaft als Teil der Heldenreise.
Friedrich Nietzsche hatte eigene und oft kontroverse Ansichten zur Heldenentwicklung und zur Idee des Übermenschen. Im Kontext der drei Aufsätze über die Heldenreise in Der Hobbit, Spider-Man und Kung Fu Panda gibt es einige Parallelen, aber auch Unterschiede zu Nietzsches Philosophie:

Der Hobbit:

Nietzsche betonte die Idee des Übermenschen, der sich von konventionellen moralischen Normen abhebt und seine eigenen Werte schafft. In Der Hobbit entwickelt sich Bilbo Beutlin zwar weiter, aber er bleibt im Großen und Ganzen konform mit

traditionellen moralischen Normen. Er wird kein Übermensch in Nietzsches Sinne.
Im Hobbit dreht sich die Heldenreise um die Bewältigung von äußeren Herausforderungen und die Rückkehr zur Heimat. Nietzsche betonte eher die innere Transformation und das Schaffen von individuellen Werten.

Spider-Man:

Nietzsche formulierte die Idee des Übermenschen, der sich jenseits von gesellschaftlichen Konventionen entwickelt. In Spider-Man geht es darum, wie Peter Parker seine Verantwortung für seine Kräfte und Handlungen wahrnimmt und in die Gesellschaft integriert, anstatt sich von ihr zu lösen.
Die Heldenreise von Peter Parker in Spider-Man ist eher konformistisch und betont die Einhaltung gängiger moralischer Normen und die Integration in die Gesellschaft, was nicht dem Bild des Übermenschen in Nietzsches Philosophie entspricht.

Kung Fu Panda:

Nietzsche betonte die Notwendigkeit, eigene Werte zu schaffen und sich vom Herdentum zu lösen. In Kung Fu Panda erlebt Po eine Transformation, die ihn zu einem selbstbewussteren und mutigeren Charakter macht, aber er bleibt konform mit den

moralischen Werten des Kung Fu und ist in die Gemeinschaft integriert.
Kung Fu Panda betont die Bedeutung von Disziplin und Achtsamkeit, was nicht unbedingt den Idealen des Übermenschen in Nietzsches Philosophie entspricht. Insgesamt ist festzustellen, dass die Heldenreise in diesen Geschichten zwar auf persönliches Wachstum und Entwicklung abzielt, aber oft eher konventionelle moralische Werte und gesellschaftliche Integration betont, anstatt die Ideen des Übermenschen in Nietzsches Philosophie zu verkörpern. Nietzsche suchte nach einer radikaleren Veränderung und einem Bruch mit bestehenden Normen, während die Helden in diesen Geschichten oft in konventionellerer Weise zu Helden werden, indem sie die bestehenden Werte und Normen bestätigen[61].

Unser aller Leben kann eine Heldenreise werden. Vielleicht nicht wie hier dargestellt mit exakt diesen Schritten, in genau dieser Reihenfolge. Es ist primär die Entscheidung selbst, die eigene Heldenreise anzutreten, den Widrigkeiten des Lebens zu trotzen, sich stark zu machen, um das Böse auf Distanz zu halten und einen noblen Weg durch das Leben zu ebnen. Wir lieben die Geschichten und Filme, in denen eine Heldenreise durchlaufen wird. Egal, ob

---

[61] Bis zu diesem Punkt ist dieser Essay hauptsächlich von der künstlichen Intelligenz *Chat GPT* geschrieben worden.

wir uns dessen bewusst sind oder nicht. Wie wäre es mit einem Abenteuer außerhalb des Buches oder des Kinosaals? In Ihrer persönlichen Lebensgeschichte sind Sie der handelnde Hauptcharakter, die primäre Figur. Machen Sie sich frei von den Konventionen, die Sie limitieren, in eine Schublade stecken und klein halten. Es geht nicht um Held (männlich), Heldin (weiblich), Heros oder Heroin. Nicht um Herkunft oder Wohlstand. Sie sind eine Person, ein Charakter und Sie tragen in sich einen Charakter, welcher darauf wartet, ausgestaltet zu werden. Nicht vor, sondern während der Heldenreise werden Sie Ihre Selbstzweifel los. Nicht vor, sondern während der Heldenreise erfahren Sie Sinn und positive Emotionen, Selbstwirksamkeit und eine aus Demut entspringende Dankbarkeit. Jeder Held in spe begegnet Widrigkeiten, die ihn zu überwältigen drohen. Doch hier endet es für unsere Helden nicht. Sie triumphieren und werden zu mehr, als sie vorher waren.

I believe there is a hero in all of us, that keeps us honest, gives us strength, makes us noble and finally allows us to die with pride[62].

Imagine who you could be, and then aim single mindedly at that.[63]

---

[62] Zitat aus dem Film *Spider Man 2* (Sam Raimi, 2004) von May Parker, der Tante von Peter Parker.

[63] Hier wird das Buch Beyond order: 12 more rules for life von Jordan B. Peterson (2021) zitiert. Es handelt sich um Regel zwei.

Starker weiblicher Filmheld

Schnell habe ich drei YouTube-Videos gefunden, die kombiniert über zehn Millionen Menschen erreicht haben. Alle drei diskutieren die starke weibliche Filmheldin. Nun, sie kritisieren sie eher. Nicht aufgrund von Sexismus, sondern wie der Titel eines der Videos argumentiert: *Audiences Hate Bad Writing, Not Strong Women*. Captain Marvel und She-Hulk sind sehr unbeliebte Charaktere des Marvel-Universums, während Black Widow ganz oben mitspielt, wenn es um den Fanfavoriten geht. Charaktere wie Toph aus Avatar – Herr der Elemente, Rita Vrataski aus Edge of Tomorrow, Beatrix Kiddo aka Black Mamba aus Kill Bill, Elizabeth Swan aus Fluch der Karibik, Katniss Everdeen aus Tribute von Panem[64] oder Mulan aus dem gleichnamigen animierten Zeichentrickfilm aus dem Jahr 1998 sind beliebte starke weibliche Charaktere.

Mulans Charakter aus dem neuen ebenfalls gleichnamigen Film von 2020 muss anders als ihre Vorgängerin, auch wenn der neue Film mit realen Menschen gedreht wurde, viel Kritik einstecken. Die im Wesentlichen gleichen Filme, beide auf der

---

[64] Es ist niemandem gedient, wenn hier jede Regieführung und jedes Erscheinungsjahr aufgeführt wird.

chinesischen Volksballade Hua Mulan basierend, rufen bei Zuschauern auf der ganzen Welt unterschiedliche Reaktionen hervor. Meine Reaktion zum neuen Mulan-Film war keine gute, und es ist eigentlich eine witzige Geschichte:

Es muss im Jahr 2022 gewesen sein, als ich bei meinen Eltern war und der laufende Fernseher meine Aufmerksamkeit weckte. Ein sehr seltenes Ereignis, da das Einzige, was ich ab und zu im Fernsehen schaue, die Bundesliga-Zusammenfassung der Sportschau ist. Aber auch das passiert selten, da ich selbst keine Möglichkeit habe, fernzusehen. Nun lief also dieser Film, ohne dass ich wusste, um welchen es sich handelt. Etwa fünf Minuten hat es gedauert, bis ich keine Lust mehr auf den Film hatte. Alles war viel zu einfach für Mulan. Die Kampfszenen wirkten gekünstelt und nicht echt. Die Gegner waren wie die Stormtrooper und Klonkrieger in Star Wars, komplett unfähig. Zumindest komplett unfähig im Vergleich zu Mulan. (Vielleicht würde ich dieselbe Abneigung in den Kampfszenen von Legolas aus der Herr der Ringe empfinden, wenn ich ohne Vorwissen mitten in die Filme geworfen worden wäre. Nun ist Legolas ein uralter Krieger und daher sehr erfahren und mächtig. Er macht in der Herr der Ringe Trilogie keine wirkliche Entwicklung durch. Dies muss er auch nicht, da die Transformation zum Helden den Hauptcharakteren Sam und Frodo obliegt.)

In Mulan 2[65] wurde dann ihre wahre Identität preisgegeben, und ich verstand zum ersten Mal, was für einen Film ich schaute. Mein Interesse war in diesem Moment nicht geweckt, den Film von Anfang an zu schauen, da Mulan 1 mein Lieblings-Disney-Kinderfilm ist. Vielleicht abgesehen vom Robin Hood Zeichentrickfilm. Es ist vielleicht nicht fair, dass der erste Eindruck so wichtig ist, aber dagegen kann ich auch nichts machen. Ich vergaß also, dass es Mulan 2 überhaupt gab, bis ich erfuhr, dass meine intuitive Abneigung gegen die anmaßend einfachen Kampfszenen einen Grund hatte[66]. In Mulan 2 ist Mulan von Anfang an eine Kampfmaschine, also schon seit ihrer Kindheit. Für sie ist jeder Kampf eine Lappalie. Sie besitzt das klassische Plot-Armour, also die Plot-Rüstung. Charaktere in Filmen mit dieser Rüstung sind stark, ihnen kann nichts etwas anhaben, und dies nur, weil der Plot, die Story dies verlangt. Aber es ist genau dies, was gegen unsere Intuition stößt.

Es gibt viele Helden in unseren Büchern und Filmen. Ein entscheidender Unterschied bewirkt, dass wir manche missachten und zu manchen aufschauen. Po

---

[65] Mulan 2 entspricht der Hauptcharakterin und dem Film *Mulan* (Niki Caro, 2020). Hagemann macht damit den Unterschied zum Zeichentrick Film Mulan (T. Bancroft & B. Cook,1998) deutlich, welchen er als Mulan 1 kennzeichnet.

[66] Ein Jahr nach seiner ersten Begegnung mit Mulan 2, befasste Hagemann sich mit dem starken weiblichen Filmheld.

in Kung Fu Panda, Sam in Herr der Ringe, Ruffy aus One Piece oder Peter Parker in Spider-Man. Im Film Batman vs. Superman (Zack Snyder, 2016) habe ich mich immer wieder erwischt, Batman zu bejubeln und zu hoffen, dass er gewinnt. Wir schauen nicht zu Superman auf. Wie denn auch, denn er ist nicht wie wir. Er war nie wie wir. Auch wenn Batman ein Milliardenerbe ist, musste er hart trainieren, straucheln, immer wieder hinfallen und aufstehen. Er gewinnt in diesem Film eher unser Herz. In Mulan 1 ist Mulan total hilflos und tollpatschig. Sie hatte keine Ahnung vom Kämpfen. Sie ist kein Übermensch wie Superman oder Mulan 2. Sie ist wie wir. Ich bewundere Mulan 1, da sie sich nie hat unterkriegen lassen und nicht aufgegeben hat, wenn Situationen aussichtslos schienen. Sie musste und hat hart gearbeitet, um zu einer formidablen Kriegerin zu werden. Mulan 2 macht keine solche Entwicklung durch. Ihr Charakter ist flach und uninteressant. Und genau das ist der entscheidene Unterschied.
Die Identifikation mit einer Filmheldin wird durch die Art, wie der Charakter geschrieben ist, erleichtert. Mulan 1 ist demütig und gleichzeitig bestrebt, alles zu geben, was nötig ist. Auf der anderen Seite können Charaktere so geschrieben sein, dass der Plot uns dazu zwingt, uns mit ihnen zu sympathisieren. Ein Beispiel hierfür bietet die Serie Der Herr der Ringe: Die Ringe der Macht, in der Filmheldin Galadriel als arrogante und mit Plot-Armour versehene Figur dargestellt wird. Ohne viel Kontext zeigt ein

Rückblick, wie Galadriel von anderen Kindern geärgert wird. Ihr Papierboot fällt einigen Steinen zum Opfer, und sie wird selbst zum Opfer, was Zuschauer zum Mitleid anregen soll. Doch irgendwie hat die Szene die gewünschte Wirkung nicht hervorgerufen.
Ähnlich zeigt sich der Film Captain Marvel. Diese Charaktere stehen im völligen Kontrast zu Mulan 1. Galadriel, Mulan 2 und Captain Marvel sind bereits zu Beginn völlig fertige Charaktere. Sie straucheln nicht, sind mächtiger als jeder andere Charakter und wirken daher eindimensional. Perfekt, so wie sie sind, brauchen sie sich nicht weiterzuentwickeln. Doch nur weil wir als Menschen gut genug sind und einen intrinsischen Wert haben, heißt das nicht, dass wir uns nicht weiterentwickeln müssen. Ohne Niederlagen und Herausforderungen bleibt wenig übrig, um sich mit dem Charakter zu identifizieren.

Auch im Star Wars Universum finden wir einen Kontrast verkörpert in Luke und Rey Skywalker. Ein Charakter stellt sich dumm dar, strauchelt, zweifelt und verdient sich seine Macht. Der andere Charakter entwickelt sich ungewohnt rasch zu einem starken Jedi. Sie stellt eine Mary Sue dar, eine idealisierte Kunstfigur, die als schlecht entwickelte Figur gilt, da sie zu perfekt zu sein scheint.

Die zuvor beschriebene Heldenreise ist ein zentraler Aspekt unserer liebsten Filmcharaktere.

Übermächtige Charaktere, die sich diese Macht nicht wirklich erarbeitet haben, werden vom Publikum nicht so sehr geliebt, wie die, die sich der harten Arbeit gestellt haben. Viele kennen die Enttäuschung, wenn sie erfahren, dass ein Sportler nicht auf ehrliche Art und Weise seinen Erfolg erzielt hat. Doping im Sport lässt unsere Helden zu Heuchlern werden. Schüler, die wir beneiden, weil sie so gute Noten schreiben, verlieren unsere Anerkennung, wenn sie nur durch Spicken ihren Erfolg erzielt haben. Intuitiv mögen wir Millionäre mehr, wenn sie dafür hart gearbeitet haben, anstatt ihr Geld geerbt zu haben.

In Zeiten des Feminismus sehen wir immer mehr solcher Strong female leads *(starke weibliche Hauptfigur)*, die ohne wirkliche Begründung extrem stark sind. Es scheint ein billiger Versuch zu sein, zu zeigen, dass Frauen auch stark sein können. Damit erweist die Filmindustrie Frauen einen Bärendienst. Frauen verdienen es, als tolle Charaktere geschrieben zu werden, die eine Heldenreise durchlaufen und unsere Herzen erobern. Ich liebe Mulan 1, doch Mulan 2 kann mir gestohlen bleiben. Emily Blunt, die bereits als Beispiel als Rita Vrataski in Edge of Tomorrow genannt wurde, missbilligt die Idee des strong female leads: *It´s the worst thing ever when you open a script and read the words `Strong female lead´. That makes me roll my eyes. I´m already out. I´m bored.*

Wir brauchen gut geschriebene Charaktere, die uns zeigen, wie wichtig es ist, über sich hinauszuwachsen. Am Ende ist es nicht die Größe und Stärke ihrer Muskeln, die uns Figuren lieben lässt. Es ist die Größe ihres Herzens und die Stärke ihres Charakters. Die Idee, Frauen als übermächtige Charaktere darzustellen, um zu zeigen, dass sie ebenfalls stark sein können, untergräbt jede Leistung anderer Frauen, die hart für ihre Erfolge gekämpft haben. Die Filmindustrie war und ist wahrscheinlich heute noch männerdominiert. In keiner der erfolgreichsten Franchises spielt eine Frau die Hauptrolle. Dazu zähle ich Harry Potter, Herr der Ringe und Star Wars. Wahrscheinlich fällt dies nicht so auf, da die Charaktere in diesen Geschichten hervorragend geschrieben sind. Wir verlieben uns in unsere Helden, weil sie tolle Charakterzüge zeigen und nicht, weil sie eines bestimmten Geschlechts sind. Umso interessanter finde ich daher die Enthüllung so vieler neuer schlecht geschriebener Hauptcharaktere als weiblich. Samuel L. Jackson stach in Captain Marvel nicht hervor, und ich erinnere mich nicht wirklich an einen tollen Charakter der Star Wars Sequels.

Die von mir eingangs erwähnten Videos sind alle englischsprachig. Aber auch in Deutschland ist dieses Thema angekommen. Mit über 600.000 Abonnenten ist Alicia Joe für mich das bekannteste YouTube-Deutschland-Gesicht, das über wichtige aktuelle kulturelle Themen spricht. Ihr Video Warum Disney von allen gehasst wird (08.11.2023) spricht unter anderem dieses Thema an.

Das mit 5,7 Millionen Aufrufen meistgeschauteste Video der drei, die ich am Anfang anführte, schließt wie folgt[67]: *Write characters whose defining moments do not come as they realize their own worth and value, that they themselves are sufficient, but rather as they decide to take selfless action for the good of others.*
Zum Schluss wird die wohl wichtigste Szene in Sams Entwicklung in Herr der Ringe gezeigt: Er kann den Ring nicht tragen, aber dafür Frodo. Mein wahrer Held der Trilogie. Was tun Sie, um ein Held zu sein?

---

[67] Zu finden auf YouTube: *Audiences Hate Bad Writing, Not Strong Women* von *Master Samwise* (15.07.2023).
Why Modern Movies Suck - The Strong Female Character von *The Critical Drinker* (10.06.2023).
How to Write a Strong Female Character...who isn't toxic and annoying von *Abbie Emmons* (27.04.2022).

Schönheit wird die Welt retten

Der Idiot von Dostojewski hatte ich lange vor meinem Urlaub in der Toskana gelesen. Prinz Myschkin war, wie angesprochen, kein Idiot aufgrund seiner geringen Intelligenz. Er hat in seiner Ehrlichkeit seine Wahrheiten ausgesprochen. Ein Satz stach dabei besonders hervor: *Schönheit wird die Welt retten*. Was für ein Statement! Kühn, wie er in der hässlichen Welt, in der er lebt, eine solche Aussage trifft. Vielleicht war es auch naiv, aber ich glaube, dies zeigt seine mutige Seite, stets an das Gute zu glauben. Nun, ist dieser Satz tiefgreifend und ernst zu nehmen oder ein Beweis für Prinz Myschkins Unvernunft?

Für mich hat Florenz diese Frage beantwortet. Zurecht gehört die Hauptstadt der Toskana zu den schönsten Orten Europas und der Welt. Sie beantwortet die offensichtliche Frage, wie Schönheit die Welt retten soll. Ihre Schönheit verrät es uns: Du könntest viel mehr sein, als du bist.

Lass deine Schwäche, deine Verbitterung, deine Intrigen und Lügen hinter dir und visiere das beste Ideal an, welches du dir vorstellen kannst. Am eindrucksvollsten hat die David-Statue von Michelangelo dieses Gefühl für mich vermittelt. Sie sieht einem direkt in die Seele und spricht: "Du könntest mehr sein, als du bist". Auch der Dom oder Palazzo Pitti lassen einen staunen. Die Kunst der

Architektur hat mich selten so überwältigt. Auch wenn Oslo eine schöne Stadt ist, waren die Kirchen dort mittelmäßig. Man läuft an ihnen vorbei, und der florentiner Dom fordert sie heraus, mehr zu sein. Die Gemälde und Kunstwerke im Palazzo Pitti hatten den gleichen Effekt. Man läuft in einen Raum und es gibt kein Entkommen aus dem Staunen. Diesen Effekt kennen wir auch von Menschen. Liebe auf den ersten Blick nennen wir es oft. Man ist paralysiert von der Schönheit eines Menschen und hat Ehrfurcht. Nun ist eine neidvolle Reaktion auf einen schönen Menschen ein Zeichen der inneren Schwäche und der Blindheit gegenüber des höheren Aufrufs mehr aus sich zu machen. Es scheint der einfache Ausweg zu sein, nicht den langwierigen Weg gen Ideal zu gehen. Prächtige Gebäude mit den detailreichsten Fassaden sind schwieriger zu errichten als ein Wohnblock aus Beton. Doch es war nie der einfache Weg, nie die Abkürzung, die Furcht vor dem Drachen, die das Gold bescherte. Sondern der Mut und die Kraft, den Drachen zu bekämpfen. Aber zurück zum Ideal.

Es braucht unseren Mut, nicht vor dem Ideal als Person zu zerbröckeln. Die David-Statue sei das Ideal und gleichzeitig ein Richter. Jedes Ideal ist ein Richter. Je größer das Ideal, desto größer die Bewertung. Wir mögen es nur nicht, bewertet zu werden, wir haben regelrecht Angst davor[68]. Wir

---

[68] Mit diesem Thema befasst sich Hagemanns späterer Aufsatz *Kafkas Drache*. In der Musik beispielsweise durch *Bagel* von

stehen verblasst vor der Statue, da sie als Spiegel fungiert und uns im Spiegelbild im Vergleich zu ihr blass erscheinen lässt. Wir erkennen, dass wir dem Ideal nicht gerecht werden. Uns wird offenbart, dass wir mehr aus uns machen können, nein müssen.

Schönheit ruft uns dazu auf, zu der Person zu werden, die fähig ist, dem Drachen gegenüberzustehen. Und so rettet Schönheit die Welt. Zielt der Mensch sein höchstes für sich vorstellbares Gut (das Ideal) an, dann wandert er auf einem Weg, der ihn so stark macht, dass er dem Bösen nicht unterliegen wird. Je höher das Gut, je idealeer das Ideal, desto mehr Sinn und positve Emotionen beschert einem der Weg hin zum Ideal. Und das ist die Heldenreise.

Kota the Friend (2019) manifest: *'Cause I'm afraid to be judged. They'll figure out I ain't shit. And I just wanna be loved.*

All In oder carpe diem

Der lateinische Motivationsspruch *Nutze den Tag* und die Begrifflichkeit All In aus dem Poker haben auf den ersten Blick nichts gemeinsam. Doch beide verkörpern die Idee, das höchste Gut anzuvisieren und sein Leben danach auszurichten. Unterschwellig erinnern uns die verschiedensten Aspekte an unsere Berufung, nicht an der Person, die wir sind, festzuhalten, sondern zu der Person zu werden, die wir sein können. Wir sind dazu angehalten, ein Held zu werden, der die Kraft, die in uns schlummert, ans Tageslicht fördert und damit mehr Gutes vollbringt, als wir es uns je vorstellen konnten. Lassen Sie uns diese Manifestationen anschauen:

Trinkspruch: Fürchte nicht die Hölle, sondern, dass dir Gott zeigt, wer du hättest sein können.

David Goggins bei Joe Rogan[69]: Goggins stellt ein Gedankenexperiment vor, in dem sein altes Ich stirbt

---

[69] David Goggins ist haupsächlich durch sein unglaubliches Durchhaltevermögen bekannt, obwohl dies nicht annähernd seine Erfolge beschreibt. Joe Rogen ist Moderator seines Podcast *The Joe Rogan Experience*, dem wohl erfolgreichsten Podcasts unserer Zeit, mit dem ein Millionen Publikum erreicht wird. Zu finden auf YouTube: *David Goggins Reveals His Biggest Fear to Joe Rogan* von *JRE Clips* (06.12.2018).

und im Himmel in der Schlange steht und darauf wartet, von Gott gerichtet zu werden. Der tote 75 Jahre alte, 300 Pfund schwere Goggins, der sein Leben damit verbracht hat, Kakerlaken auszurotten, steht vor Gott und soll etwas vorlesen. Der tote Goggins liest vor: "*182 Pfund, Navy Seal, Ranger School, Motivationsredner, änderte Leben und Klimmzugrekord usw.*" Dann sagt er zu Gott, dass er dies nicht sei. Gott schaut ihn an und sagt: "*Das ist, wer du hättest sein sollen.*"

Club der toten Dichter[70]: Eine Geschichte über einen neuen Englischlehrer, der den Jungen in seiner Klasse ans Herz legt, ihr Leben zu nutzen. "Carpe diem", sagt er zu ihnen und zitiert, wenn auch abgeändert Henry David Thoreau: "I went to the woods because I wanted to live deliberately. I wanted to live deep and suck out all the marrow of life. To put to rout all that was not life; and not, when I had come to die, discover that I had not lived." Sie fangen an zu verstehen und verspüren das erste Mal in ihrem Leben wirklich zu leben. Wir sehen am Ende, dass es Mut und Stärke ist, die es braucht, um sich für das Gute einzusetzen und dem Bösen, der Unterdrückung zu trotzen, egal welche Konsequenzen einen erwarten.

[70] Ein 1989 erschienener Film, sowie ein auf dem Drehbuch basierender Roman.

Gary Vaynerchuk wurde nach drei Worten zur Motivation gefragt. Seine Antwort: “You're gonna die.” Die Frau blickte ihn schockiert an und sagte: “Do something about it.” [71] Wir werden alle sterben, das ist unser Geburtsrecht, unser Aufruf zum Tatendrang. Wir sind alle All In, ob Sie nichts aus Ihrem Leben machen oder der Held werden, der es vermag, Gutes in der Welt zu vollbringen. Carpe diem erscheint mir kein Vorschlag für ein erfülltes Leben. Es ist viel mehr unser Auftrag, mehr aus uns zu machen, und daraus resultiert ein erfülltes Leben.

All we have to decide is what to do with the time that is given us[72].

Doch nach meinem Empfinden scheuen es die Menschen mehr und mehr, sich zu etwas zu verpflichten. Denken Sie nur an die riesige Auswahl in all unseren Lebensbereichen von Studiengängen, Arbeitgebern und Konsumgütern. Keiner kauft mehr eine DVD im Laden. Bei Netflix müssen wir uns nicht festlegen, sondern sind frei in unserer Wahl, ohne Verpflichtung. Vorher musste man sicher gehen, dass

---

[71] Eine willkürlich und substanzlos erscheinende Wiedergabe eines Videos von Gary Vaynerchuk, der vor allem für seinen motivierenden Videos bekannt ist, obwohl er viel mehr Erfolge zu verzeichnen hat. Zu finden auf YouTube: *3 Words For Whenever You Feel UNMOTIVATED #Shorts* von *GaryVee* (23.04.2021).

[72] Ein Zitat von Gandalf aus *Der Herr der Ringe: Die Gefährten* (Peter Jackson, 2001).

der ausgesuchte Film gut genug war, und man hat sich auf ihn festgelegt. Bei Netflix ist diese Festlegung hinfällig. Man hat Zugang zu Gütern, ohne sie besitzen zu müssen. Übertragen Sie dies auf die folgenden Ausführungen.

Die Abwesenheit der All In-Mentalität in unserer Kultur manifestiert sich auch im Dating-Leben der Menschen. Beschreiben lässt sie sich durch den Begriff der Hook-up Culture. Hier stehen zwangloser Sex und Freundschaft-Plus im Vordergrund der Menschen und nicht das Anstreben eines Partners fürs Leben. Nun hat diese Kultur einen langen Anlauf gehabt, bevor sie prominent wurde. Viele Veränderungen, die sich in den letzten 60 Jahren in unserer Kultur entfaltet haben, haben aus meiner Sicht die Hook-up Culture begünstigt. Wobei diese noch nicht das Ende der Entwicklung darstellt. Lassen Sie mich diese Veränderung aufzählen, dieser Essay ist nicht dazu gedacht, alle Aspekte im Einzelnen ausführlich zu diskutieren. Beachten Sie, dass manche Aspekte lediglich in Statistiken leben und andere im Einzelnen nicht unbedingt schlecht sind.

- Menschen heiraten immer später
- Menschen lassen sich immer öfter scheiden
- Menschen heiraten immer seltener
- Die #MeToo Bewegung
- Die #Idontneednoman Idee[73]
- Ritterlichkeit ist tot und Frauen sind schuld
- SCUM Manifesto und Kill All Men
- Veränderung der Rollenbilder von Männer und Frauen
- Immer einfacherer Zugang zu pornographischen Inhalten
- Die Antibabypille

Je höher die Anzahl vorheriger Sexualpartner vor der Ehe, desto höher die Scheidungswahrscheinlichkeit. Es wurde nicht mit dem ersten oder zweiten Partner All In gegangen. Beziehungserfahrung wird nicht gesammelt je mehr Beziehungen geführt werden, sondern je länger eine geführt wird. Über sechs Ex-Partner sind kein Indikator für Beziehungserfahrung. Es wird über die Erfahrung verfügt, wie es nicht funktioniert. Je öfter das Scheitern eine Beziehung erlebt wird, umso mehr schwindet der Glaube an die Liebe und den Sinn, es weiter mit dem Dating zu probieren, denn die Erfahrung zeigt einem das

[73] Das zusammengeschriebene Wort bedeutet übersetzt *Ich brauche keinen Mann*. Zusammengeschrieben, da es meist einem Hashtag folgt und es mit einer gewissen herablassenden Haltung gesagt wird.

Scheitern. Die Hoffnung ist zerbrochen, Zuversicht nicht mehr vorhanden.
Menschen, die vor der Ehe zusammengezogen sind, lassen sich öfter scheiden als Menschen, die erst in der Ehe zusammenziehen (Cohabitation Effect). Zwei sich liebende Menschen, die erst zusammenziehen, sind wie zwei Pokerspielende, die 85% Prozent ihrer Chips setzen. Man geht nicht All In und lässt sich noch eine Hintertür offen, falls die 85 Prozent scheitern. Die Ehe als Versprechen zusammenzubleiben, bis einen der Tod scheidet, ist eine All In-Entscheidung, die viele scheuen. Denn es ist verdammt schwer zu hoffen und Zuversicht zu haben. Zusammen zubleiben, bis einen der Tod scheidet, erscheint mir die schwierigste Aufgabe zu sein, die man sich zu erfüllen verspricht. Wieso machen es die Leute? Wieso gehen sie All In? Nun, es lohnt sich. Liebe braucht Mut, wie es Cro sagte[74].
It takes strength to know whats right. And love isn´t something weak people do. Being a romantic takes a hell of a lot of hope.[75]
Die MeToo-Bewegung hat viel Gutes in der Welt erreicht. Doch ein Aspekt wurde nicht bedacht: Menschen lernen sich auf der Arbeit kennen und

---

[74] Gemeint ist das Lied *Ich liebe....* von *badchieff, Edo Saiya & Cro* (2021).

[75] Hagemann zitiert den Priester der Serie *Fleabag* (Phoebe Waller-Bridge). Es gibt keine Hinweise darauf, dass Hagemann diese Serie selbst gesehen hat. Wohl eher hat er das Zitat in einem Videoausschnitt der Serie auf Instagram gefunden.

verlieben sich sogar. Die Grenzen zwischen Freundlichkeit und sexueller Provokation sind etwas verschwommen. Unternehmenskulturen wurden kälter, da Umarmungen oder andere Freundlichkeiten unterlassen werden, aus Angst vor einer Missinterpretation. Dazu kommt die Idontneednoman-Idee. Das Aufhalten der Tür für eine Frau wird als Angriff auf ihre Selbstständigkeit verstanden. Der Song Flowers von Miley Cyrus (2023) traf genau den Zahn der Zeit. Viele Männer nehmen diese Aussagen ernst und geben es auf, ein Gentleman zu sein. Das hat die Komedielegende Dave Chappelle bereits vor 20 Jahren herausgefunden[76]. Seine Aussage, dass die Ritterlichkeit tot sei, erhielt viel Zustimmungen von Frauen. Bedenken Sie, das war im Jahr 2000. *That's right. Chivalry is dead, and women killed it.* Alle lachen, und es sind besonders die Männer, die dem zustimmen. Seine Erklärung ist die feministische Bewegung. Kommentare unter YouTube-Videos dieses Ausschnitts meinen, dass dies heute immer noch relevant ist, und diese Kommentare sind Ende 2023 über zwei bis drei Jahre alt. Die Veränderung der Rollenbilder spielt hier ebenfalls eine Rolle. Besonders das radikal feministische Manifest *SCUM Manifesto* von Valerie Solanas (1967) und die damit

[76] Hagemann bezieht sich hier auf das Special *Killin' them softly* von Dave Chapelle. Zu finden auf YouTube: *Killin' Them Softly - Dave Chappelle (2000) HD* von *Jordan* (03.04.2013).

verbundene Idee von Kill All Men verdeutlichen den Konflikt, den die beiden Geschlechter miteinander haben. Das Gentlemen-Verhalten wird nicht mehr gelebt, da es nicht mehr geschätzt wird, indem Frauen sagen, sie würden dies nicht mehr wollen. Sie bräuchten keinen Mann und die Gesellschaft wäre sowieso besser ohne sie dran. Die Popularität des Miley Cirus Megahits Flowers scheint dies zu bestätigen. Auch die Erscheinung der vielen künstlich erstellten starken und unabhängigen weiblichen Filmcharaktern spielt hier mit rein. Als Resultat leidet die Beziehung zwischen Mann und Frau.
Als Gegenbewegung dieser Entwicklungen sehen wir den Aufstieg von Figuren wie Andrew Tate, der Hustle Culture und insgesamt den Aufstieg von Podcasts wie Fresh and Fit. Deren allgemeine Botschaft an junge Männer ist, dass sie sich lieber auf sich selbst konzentrieren sowie ihre Fitness und ihr Geld maximieren sollten, da die meisten Frauen kein Ehefrauen-Material, nicht für die Ehe gemacht, seien[77].

Was sich ebenfalls negativ auf das All In gehen auswirkt, ist der immer einfachere Zugang zu pornographischen Inhalten. Es wird keine intime Beziehung mehr benötigt, wenn die schönsten Menschen dieser Welt kostenlos, ohne Aufwand und

[77] In der Musik beispielweise durch *Housewife* von *Dr. Dre* (1999) oder *WITHOUT YOU* von *The Kid LAROI* (2020) manifest.

nach den eigenen Präferenzen im Handy zu finden sind. Es muss nicht mehr das Risiko eingegangen werden Menschen kennenzulernen und zu lieben. Selbst wenn man eine Person in der Hook-up Culture kennenlernt, dann hat diese schon mehrere Sexualpartner gehabt, hat Bindungsängste und glaubt, dass die Ehe eine patriarchale Institution ist. Der Sinn des All In gehens geht verloren. Das Problem ist, dass wir hier kein Pokerspiel spielen, in dem nur eine Person allein All In geht. Für eine Liebe, die das Leben lang hält, müssen beide All In gehen. Wenn es nur eine Person macht, funktioniert es nicht. Mutige Menschen, die All In gehen können durch feige 80 Prozent-Geber demoralisiert werden und ihren Mut verlieren. In einer Hook-up Culture ist dies der Prozess, der eingeleitet wird. Beim Pokern verlieren wir alles, wenn unsere Karten nicht die besten der Runde sind. Im Leben sind wir alle sowieso schon All In. Keiner von uns überlebt diese Reise. Und wer hier nicht mit seinen Taten und seinem Geist ebenfalls All In geht, der wird wohl nie den größtmöglichen Preis gewinnen können. Es gibt keine bessere Strategie als mit seinen Karten das beste zu geben. Nicht jeder wird das Spiel gewinnen, doch alle werden ein gutes Spiel machen.

Einen weiteren Beitrag zur Hook-up Culture liefert die Antibabypille bzw. jede Art der Geburtenkontrolle. Kein Sex vor der Ehe gilt als verpöntes und veraltetes Konzept. Doch der völlige

Ablass der hauptsächlichen Konsequenz von Sex, hat den Aufstieg des Gelegenheitssex ermöglicht. Der englische Begriff Casual Sex und die Übersetzungen von Casual mit beiläufig oder leger verdeutlichen den Punkt. Das Problem ist, dass Sex sich nicht von unser emotionalen Verfassung trennen lässt. Und wenn es eine Person geschafft hat, den intimsten Akt von der eigenen emotionalen Verfassung zu trennen, was sagt dies über sie aus? Wir alle haben diesen Fakt tief in uns verankert. Menschen können physiologisch bereits recht früh Sex haben, doch wir befürworten dies nicht. Noch zu jung sind Kinder, um eine solche Entscheidung zu treffen. Es fehlt ihnen an emotionaler Reife. Die emotionale Bedeutung von Sex nimmt invers proportional mit der Anzahl an Sexualpartnern ab. Wenn der bedeutsamste emotionale Akt seine Bedeutung verliert, was bleiben uns dann noch für starke emotionale Bindungen? Etwas geht im Prozess verloren. Die meisten Menschen bereuen es, zu früh mit jemanden ins Bett zu springen. Besonders wenn die Beziehung schlussendlich nicht hielt oder ünerhaupt nicht zustande kam. Vielleicht wäre das Herumdrehen des Szenarios die Lösung. Gelegenheitssex scheint mir nicht dazu beizutragen, eine von Treue und Liebe geprägte intime Beziehungen eingehen zu können. Wenn es da draußen immer einen Sexpartner für einen gibt, wieso sollte sich dann auf einen Partner festlegt werden?

Mir geht es viel weniger darum, moralische Appelle über Sex und Beziehungen zu richten. Auch wenn ich stets zu meinen Aussage stehe, geht es viel mehr um die Präsenz dieser Thematiken in unser Kultur und ihre Manifestationen in der Kunst. Ich verbinde mit der Idee von All In Mut und Zuversicht. Vor allem mit der Abwesenheit der All In gehenden Menschen zeigt sich mir eine von Ängsten getriebene Gesellschaft. Nichts Gutes kommt einfach so. Nichts, was einfach kommt, ist von großem Wert. Wertvolle und sinnstiftende Dinge sind hart und verlangen Opfer. Es ist schwer, sich auf dem Scheideweg unserer Heldenreise nicht für den einfachen Weg zu entscheiden. Aber wer seinen Drachen besiegen will, muss den schweren einschlagen. Verpflichten Sie sich der Idee, in jedem Lebensareal Ihr Bestes zu geben, immer ehrlich zu sein und den Mut zu haben, den Drachen zu bekämpfen, der alles hortet, was Sie zu finden haben. Es wird das Abenteuer Ihres Lebens. Finden wir heraus, wohin uns diese Reise führt. Ich habe nichts Besseres zu tun. Sie etwa?

I asked AI

Künstliche Intelligenz hat heute schon einen großen Einfluss auf fast alle Facetten des Lebens. Für wenig Geld und mit geringem Aufwand erstellt sie Texte, Bilder, Videos, Musik und vieles mehr. Es wird extrem wichtig sein, sich mit ihr auszukennen und sie zu nutzen zu wissen. Hat jemand den Aufschwung des Internets und des Computers verpasst, ist er in der heutigen Zeit extrem im Nachteil. Da sich KI exponentiell entwickelt, sollte man nicht von Beginn an in Rückstand geraten. Ich bin der festen Überzeugung, dass KI dringend eine rechtlich bindende Regulierung benötigt, da sonst die Möglichkeit besteht, dass KI uns alle abhängt. Sie bedroht die Kunst im Allgemeinen, da sie alles erstellen kann und die Frage zwischen menschen- oder maschinengemacht immer schwieriger zu beantworten sein wird. Außerdem muss ich feststellen, dass das Internet und unsere nun computerdominierte Welt nicht nur Vorteile mit sich bringen. Die folgenden Texte wurde Anfang des Jahres 2023 von Chat GTP erstellt[78].

---

[78] Hier werden nicht alle Texte, die aus Konversationen mit dem Chatbot entstanden, dargestellt. Für den Inhalt dieses Buches als nicht angemessen empfunden, strich Hagemann einige Passagen. Es ist zusätzlich davon auszugehen, dass nicht ein zu großer Teil des Werks aus generierten Texten bestehen sollte.

Erik :Warum sollte ich optimistisch sein?

Es gibt viele Vorteile, optimistisch zu sein. Einige der Gründe, warum es hilfreich sein kann, Optimismus zu pflegen, sind: Optimismus kann deine körperliche Gesundheit verbessern: Forschung hat gezeigt, dass optimistische Menschen tendenziell eine bessere allgemeine körperliche Gesundheit haben und möglicherweise sogar länger leben als pessimistische Menschen. Dies könnte daran liegen, dass Optimismus mit geringerem Stress und besseren Bewältigungsstrategien in Verbindung gebracht wird, was sich positiv auf die körperliche Gesundheit auswirken kann. Optimismus kann deine mentale Gesundheit verbessern: Optimismus wurde mit einer verbesserten mentalen Gesundheit und einem geringeren Risiko für Depressionen und Ängste in Verbindung gebracht. Wenn du optimistisch bist, siehst du eher das Gute in Situationen und hast eine positivere Lebensansicht, was dir helfen kann, mit Stress und Herausforderungen umzugehen. Optimismus kann deine Beziehungen verbessern: Optimistische Menschen haben tendenziell positivere Beziehungen, weil sie eher das Gute in anderen sehen und unterstützender und hilfsbereiter sind. Dies kann zu stärkeren und zufriedenstellenderen Beziehungen führen. Optimismus kann deine Leistung verbessern: Optimistische Menschen sind tendenziell motivierter und beharrlicher bei der Verfolgung ihrer Ziele. Sie neigen dazu, trotz Rückschlägen durchzuhalten und sich von Misserfolgen zu erholen. Dies kann zu besseren Leistungen in der Schule, bei der Arbeit und in anderen Lebensbereichen führen. Optimismus kann zu einer besseren Lebensqualität führen: Insgesamt wurde Optimismus mit einer höheren Lebensqualität in Verbindung gebracht. Wenn du optimistisch bist, neigst du dazu, eine positive Lebensansicht zu haben und dich zufrieden und erfüllt zu fühlen. Dies kann zu einem größeren Gefühl von Glück und Wohlbefinden führen.

Erik: Warum sollte ich dankbar sein?

Dankbarkeit hat eine Vielzahl von Vorteilen. Einige der Gründe, warum es wichtig ist, Dankbarkeit zu pflegen, sind: Dankbarkeit kann deine körperliche Gesundheit verbessern: Forschung hat gezeigt, dass Dankbarkeit mit einer besseren allgemeinen körperlichen Gesundheit in Verbindung gebracht wird. Menschen, die dankbar sind, neigen dazu, niedrigeren Blutdruck zu haben, ein stärkeres Immunsystem zu besitzen und weniger unter Schmerzen und Beschwerden zu leiden. Dankbarkeit kann deine mentale Gesundheit verbessern: Dankbarkeit wurde mit einer verbesserten mentalen Gesundheit und einem geringeren Risiko für Depressionen und Ängste in Verbindung gebracht. Wenn du dankbar bist, neigst du dazu, dich auf die positiven Aspekte deines Lebens zu konzentrieren und eine positivere Lebensansicht zu haben, was dir bei der Bewältigung von Stress und Herausforderungen helfen kann. Dankbarkeit kann deine Beziehungen verbessern: Dankbarkeit kann dazu beitragen, stärkere und positivere Beziehungen aufzubauen, da sie dir hilft, die Menschen in deinem Leben zu schätzen und wertzuschätzen. Wenn du dankbar bist, bist du eher dazu geneigt, freundlich, fürsorglich und unterstützend zu sein, was zu stärkeren und zufriedenstellenderen Beziehungen führen kann. Dankbarkeit kann zu einer besseren allgemeinen Lebensqualität führen: Insgesamt wurde Dankbarkeit mit einer höheren Lebensqualität in Verbindung gebracht. Wenn du dankbar bist, neigst du dazu, dich zufrieden und erfüllt zu fühlen und ein größeres Gefühl von Glück und Wohlbefinden zu haben. Dankbarkeit kann dich dazu inspirieren, großzügiger und hilfsbereiter zu sein: Wenn du dankbar bist, neigst du eher dazu, es anderen zurückzugeben und ihnen zu helfen. Dies kann zu einem größeren Sinn im Leben und einer stärkeren Verbindung zu anderen führen.

Erik: Warum sollte ich Glück anstreben?

Es gibt viele Gründe, warum Menschen nach Glück streben könnten. Hier sind einige: Glück kann deine körperliche Gesundheit verbessern. Studien haben gezeigt, dass glückliche Menschen tendenziell niedrigere Raten von Herzerkrankungen, hohem

Blutdruck und anderen Gesundheitsproblemen haben. Glück kann deine mentale Gesundheit verbessern. Glückliche Menschen haben in der Regel niedrigere Raten von Angst und Depression und sind besser in der Lage, mit Stress umzugehen. Glück kann deine Beziehungen verbessern. Glückliche Menschen haben tendenziell stärkere soziale Bindungen und befriedigendere Beziehungen zu ihren Freunden und ihrer Familie. Glück kann deine Produktivität steigern. Glückliche Menschen neigen dazu, motivierter zu sein und effizienter arbeiten zu können. Glück kann deine allgemeine Lebensqualität verbessern. Wenn du glücklich bist, neigst du dazu, dein Leben mehr zu genießen und dich erfüllter zu fühlen.

Erik:Warum sollte ich gute körperliche Gesundheit anstreben?

Gute körperliche Gesundheit ist aus verschiedenen Gründen wichtig. Hier sind einige: Körperliche Gesundheit kann dazu beitragen, dass du im Alltag besser zurechtkommst. Wenn dein Körper gesund ist, hast du wahrscheinlich mehr Energie und weniger Schmerzen. Gute körperliche Gesundheit kann deine Lebenserwartung steigern. Menschen, die körperlich gesund sind, leben tendenziell länger als diejenigen, die es nicht sind. Körperliche Gesundheit kann dazu beitragen, dass du dein Leben mehr genießt. Wenn du nicht mit Gesundheitsproblemen zu kämpfen hast, kannst du wahrscheinlich mehr von den Dingen tun, die dir Freude bereiten. Gute körperliche Gesundheit kann deine Unabhängigkeit fördern. Wenn du gesund bist, bist du eher in der Lage, für dich selbst zu sorgen und nicht auf die Hilfe anderer angewiesen zu sein. Körperliche Gesundheit kann dir helfen, mit Stress umzugehen. Wenn du in guter körperlicher Verfassung bist, kannst du besser mit dem Stress umgehen, den das Leben mit sich bringt.

Erik: Warum sollte ich mich gut fühlen wollen?

Es gibt viele Gründe, warum Menschen sich gut fühlen wollen könnten. Hier sind einige: Sich gut fühlen kann deine körperliche Gesundheit verbessern. Wenn du dich gut fühlst, neigst du eher dazu, auf dich selbst aufzupassen und gesunde Entscheidungen zu treffen, was zu einer besseren allgemeinen körperlichen Gesundheit führen kann. Sich gut fühlen kann deine mentale Gesundheit verbessern. Wenn du dich gut fühlst, bist du weniger anfällig für Angst und Depression und besser in der Lage, mit Stress umzugehen. Sich gut fühlen kann deine Beziehungen verbessern. Wenn du dich gut fühlst, neigst du dazu, positiver und optimistischer zu sein, was dich angenehmer macht und zu stärkeren sozialen Verbindungen führen kann. Sich gut fühlen kann deine Produktivität steigern. Wenn du dich gut fühlst, bist du motivierter und kannst effizienter arbeiten. Sich gut fühlen kann deine allgemeine

Lebensqualität verbessern. Wenn du dich gut fühlst, neigst du dazu, dein Leben mehr zu genießen und dich erfüllter zu fühlen.

Erik: Warum sollte ich ein hochwertiges Leben wollen?

Es gibt viele Gründe, warum Menschen ein hochwertiges Leben anstreben könnten. Hier sind einige: Ein hochwertiges Leben kann Glück und Erfüllung bringen. Wenn du ein Leben führst, das reich und sinnvoll ist, neigst du eher dazu, zufrieden und glücklich zu sein. Ein hochwertiges Leben kann es dir ermöglichen, deine Ziele und Träume zu verwirklichen. Wenn du ein hochwertiges Leben führst, hast du wahrscheinlich die Ressourcen und Chancen, um deine Träume zu verfolgen und dein volles Potenzial auszuschöpfen. Ein hochwertiges Leben kann deine mentale und körperliche Gesundheit verbessern. Wenn du ein hochwertiges Leben führst, neigst du eher dazu, auf dich selbst aufzupassen und gesunde Entscheidungen zu treffen, was zu einer besseren allgemeinen körperlichen und mentalen Gesundheit führen kann. Ein hochwertiges Leben kann deine Beziehungen stärken. Wenn du ein hochwertiges Leben führst, neigst du eher dazu, starke, positive Beziehungen zu den Menschen in deinem Umfeld zu haben. Ein hochwertiges Leben kann ein Gefühl von Zweck und Bedeutung bringen. Wenn du ein hochwertiges Leben führst, neigst du eher dazu, das Gefühl zu haben, einen positiven Beitrag zur Welt zu leisten und einen Sinn zu haben.

Erik: Warum sollte ich starke Beziehungen wollen?

Es gibt viele Gründe, warum Menschen starke, positive Beziehungen zu anderen haben möchten. Hier sind einige: Starke Beziehungen können emotionale Unterstützung bieten. Wenn du starke Beziehungen zu anderen hast, hast du Menschen, an die du dich wenden kannst, um Trost, Ratschläge und Unterstützung zu erhalten, wenn du sie benötigst. Starke Beziehungen können deine mentale Gesundheit verbessern. Studien haben gezeigt, dass Menschen, die starke soziale Verbindungen haben, seltener unter Angst, Depression und anderen psychischen Gesundheitsproblemen leiden. Starke Beziehungen können deine körperliche Gesundheit verbessern. Menschen, die starke soziale Verbindungen haben, neigen dazu, eine bessere körperliche Gesundheit zu haben und länger zu leben als diejenigen, die isolierter sind. Starke Beziehungen können Freude und Glück bringen. Wenn du starke Beziehungen zu anderen hast, bist du eher dazu geneigt, positive Emotionen zu erleben und ein größeres Wohlbefinden zu verspüren. Starke Beziehungen können ein Gefühl der Zugehörigkeit und Gemeinschaft vermitteln. Wenn du starke Beziehungen zu anderen hast, fühlst du dich wie ein

Teil von etwas Größerem als du selbst und hast ein Gefühl der Zugehörigkeit.

Erik: Gibt es einen Lebenssinn?

Es gibt keine allgemein anerkannte "Bedeutung des Lebens". Unterschiedliche Menschen haben unterschiedliche Überzeugungen und Perspektiven darüber, was der Sinn des Lebens sein könnte. Einige Menschen glauben, dass der Sinn des Lebens darin besteht, nach Glück zu suchen, andere glauben, dass es darum geht, anderen zu helfen, und wieder andere glauben, dass es darum geht, ein bestimmtes Ziel oder eine bestimmte Bestimmung zu erreichen. Letztendlich ist die Bedeutung des Lebens eine persönliche und subjektive Frage, und jede Person muss für sich selbst entscheiden, was sie für die Bedeutung des Lebens hält.

Erik: Warum sollte ich Gutes tun wollen?

Es gibt viele Gründe, warum Menschen Gutes tun möchten. Hier sind einige: Gutes Tun kann ein Gefühl von Erfüllung und Zweck bringen. Wenn du Gutes tust, kannst du das Gefühl haben, einen positiven Unterschied in der Welt zu machen, was sehr belohnend sein kann. Gutes Tun kann deine mentale Gesundheit verbessern. Studien haben gezeigt, dass Menschen, die sich in prosozialem Verhalten engagieren und anderen helfen, tendenziell eine bessere mentale Gesundheit und Wohlbefinden haben. Gutes Tun kann deine Beziehungen stärken. Wenn du Gutes tust, kannst du stärkere und positivere Beziehungen zu den Menschen in deinem Umfeld aufbauen. Gutes Tun kann das Wohlergehen anderer verbessern. Wenn du Gutes tust, kannst du einen positiven Einfluss auf das Leben anderer haben und zu ihrem Glück und Wohlbefinden beitragen. Gutes Tun kann die Welt zu einem besseren Ort machen. Wenn du Gutes tust, kannst du dazu beitragen, eine positivere und mitfühlendere Welt für alle zu schaffen.

Erik: Wie kann ich die Welt auf positive Weise beeinflussen?

Es gibt viele Möglichkeiten, wie du einen positiven Einfluss auf die Welt ausüben kannst. Einige Ideen könnten sein: Nutze deine Zeit und Fähigkeiten, um anderen zu helfen. Es gibt viele Organisationen, die auf Freiwillige angewiesen sind, um Dienstleistungen für Bedürftige bereitzustellen. Spende an Wohltätigkeitsorganisationen und Organisationen, die daran arbeiten, einen positiven Unterschied in der Welt zu machen. Setze dich für Anliegen ein, die dir am Herzen liegen. Du kannst deine Stimme und dein Netzwerk nutzen, um Bewusstsein und Unterstützung für dir wichtige Anliegen zu schaffen. Unterstütze nachhaltige und umweltfreundliche Praktiken. Du kannst Entscheidungen in deinem

Alltag treffen, die besser für die Umwelt sind, und Unternehmen und Organisationen unterstützen, die sich für den Schutz des Planeten einsetzen. Übe Mitgefühl und Freundlichkeit anderen gegenüber. Indem du freundlich und mitfühlend zu anderen bist, kannst du eine positivere und liebevollere Welt schaffen.

Erik: Ist Positivität besser als Negativität?

Positivität und Negativität sind beides normale und natürliche menschliche Emotionen, und es ist wichtig, eine Vielzahl von Emotionen zu erleben und auszudrücken. Im Allgemeinen wird jedoch häufig als besser angesehen, eine positive Einstellung zu pflegen und sich auf die guten Dinge im Leben zu konzentrieren. Dies liegt daran, dass Positivität mit einer Vielzahl von Vorteilen in Verbindung gebracht wurde, wie zum Beispiel: Verbesserte mentale Gesundheit: Positivität wurde mit besseren mentalen Gesundheitsergebnissen in Verbindung gebracht, einschließlich niedrigerer Raten von Angst und Depression. Verbesserte körperliche Gesundheit: Positivität wurde mit besseren körperlichen Gesundheitsergebnissen in Verbindung gebracht, einschließlich eines stärkeren Immunsystems und einem geringeren Risiko für Herzerkrankungen. Erhöhtes Glück und Wohlbefinden: Positivität wird oft mit gesteigertem Glück und Wohlbefinden in Verbindung gebracht. Verbesserte Beziehungen:

Positivität kann deine Beziehungen zu anderen verbessern und dich angenehmer machen. Erhöhte Produktivität: Positivität kann deine Motivation und Produktivität steigern. Dennoch ist es wichtig zu bedenken, dass es normal ist, negative Emotionen zu erleben, und es ist in Ordnung, sie zu fühlen und auszudrücken. Es ist nicht gesund, negative Emotionen zu unterdrücken oder zu ignorieren, sondern gesunde Wege zu finden, um mit ihnen umzugehen und sie zu verarbeiten.

Erik: Gibt es so etwas wie eine 100-prozentige Wahrheit?

Es wird im Allgemeinen akzeptiert, dass es keine 100-prozentige Wahrheit gibt. Dies liegt daran, dass es immer möglich ist, dass neue Informationen oder Beweise ans Licht kommen, die unser Verständnis einer Situation verändern können. Darüber hinaus können die Perspektiven und Interpretationen von Ereignissen von Menschen variieren, was ebenfalls unser Verständnis der Wahrheit beeinflussen kann. Es ist wichtig, Informationen mit einem offenen Geist zu betrachten und bereit zu sein, neue Beweise und Perspektiven zu berücksichtigen, wenn sie verfügbar werden.

Erik: Sollte ich hart arbeiten oder das Leben genießen?

Es ist wichtig, ein Gleichgewicht zwischen harter Arbeit und Lebensgenuss zu finden. Beides ist wichtig, um ein erfülltes und vielseitiges Leben zu führen. Hart arbeiten kann dir helfen, deine Ziele zu erreichen und ein Gefühl von Erfüllung und Zweck aufzubauen. Es kann auch finanzielle Sicherheit und die Möglichkeit bieten, die Dinge zu genießen, die du liebst. Gleichzeitig ist es wichtig, Zeit für Aktivitäten zu finden, die dir Freude bereiten, und dich zu entspannen und wieder aufzuladen. Dies kann dir helfen, eine gesunde Work-Life-Balance aufrechtzuerhalten und Burnout zu vermeiden. Letztendlich hängt der beste Ansatz von deinen individuellen Umständen und Prioritäten ab. Es kann hilfreich sein, darüber nachzudenken, was dir am wichtigsten ist, und einen Weg zu finden, sowohl harte Arbeit als auch Genuss in deinen Alltag zu integrieren.

Erik: Sollte ich alle Aspekte meines Lebens perfektionieren?

Es ist weder realistisch noch gesund, alle Aspekte deines Lebens perfektionieren zu wollen. Das Leben ist komplex und unvorhersehbar, und es ist natürlich, dass es in verschiedenen Bereichen deines Lebens Aufs und Abs gibt. Anstatt nach Perfektion zu streben, ist es möglicherweise hilfreicher, sich auf kontinuierliche Verbesserung und persönliches Wachstum zu konzentrieren.

Es ist wichtig, Ziele zu setzen und daran zu arbeiten, sie zu erreichen, aber es ist auch wichtig, realistisch zu sein und zu erkennen, dass du ein Mensch bist und dass es in Ordnung ist, Fehler zu machen. Es ist wichtig, freundlich zu dir selbst zu sein und zu bedenken, dass es nicht möglich ist, in allem, was du tust, perfekt zu sein.
Es kann möglicherweise hilfreicher sein, sich darauf zu konzentrieren, ein ausgewogenes und erfülltes Leben zu entwickeln, anstatt zu versuchen, jeden Aspekt davon zu perfektionieren. Dies kann bedeuten, Prioritäten zu setzen und Entscheidungen zu treffen, die mit deinen Werten und Zielen in Einklang stehen, während du auch Flexibilität und Raum zum Genießen des gegenwärtigen Moments zulässt[79].

Erik: Welche Zitate sind gut, um nach ihnen zu leben?

Hier sind einige Zitate, die dich inspirieren könnten:
• "Der einzige Weg, großartige Arbeit zu leisten, besteht darin, das zu lieben, was du tust." - Steve Jobs

---

[79] Hier ist der Prompt/ die Frage verloren gegangen. Über seinen genauen Wortlaut kann nur spekuliert werden.

• "Erfolg ist nicht der Schlüssel zum Glück. Glück ist der Schlüssel zum Erfolg. Wenn du liebst, was du tust, wirst du erfolgreich sein." - Albert Schweitzer
• "Glaube, dass du kannst, und du bist schon auf halbem Weg." - Theodore Roosevelt
• "Die größte Herrlichkeit im Leben besteht nicht darin, niemals zu fallen, sondern jedes Mal, wenn wir fallen, wieder aufzustehen." - Nathaniel Hawthorne
• "Härten bereiten oft gewöhnliche Menschen auf eine außergewöhnliche Bestimmung vor." - C.S. Lewis
• "Das Einzige, was zwischen dir und deinem Traum steht, ist der Wille, es zu versuchen, und der Glaube, dass es tatsächlich möglich ist." - Joel Brown
• "Das Leben ist zu 10 % das, was dir passiert, und zu 90 %, wie du darauf reagierst." - Charles R. Swindoll
• "Lass nicht zu, dass gestern zu viel von heute in Anspruch nimmt." - Will Rogers
• "Ich kann die Windrichtung nicht ändern, aber ich kann meine Segel so einstellen, dass ich immer mein Ziel erreiche." - Jimmy Dean
Ich hoffe, diese Zitate helfen dir, Inspiration und Orientierung in deinem Leben zu finden.

Erik: Sollte ich realistisch sein?

Es ist wichtig, realistisch in Bezug auf deine Ziele und Erwartungen im Leben zu sein, da dies dazu beitragen kann, fundierte Entscheidungen zu treffen und für die Zukunft zu planen. Es ist jedoch auch

wichtig, einen offenen Geist zu bewahren und in deinem Denken nicht zu starr zu sein. Realistisch zu sein bedeutet nicht, dass du nicht groß träumen oder nach Größe streben kannst. Es bedeutet einfach, dass du deine Ziele mit einem klaren Verständnis der Ressourcen, Zeit und Anstrengungen angehst, die erforderlich sind, um sie zu erreichen.
Es ist eine gute Idee, realistische Ziele für dich selbst zu setzen und bereit zu sein, hart zu arbeiten, um sie zu erreichen. Gleichzeitig solltest du keine Angst davor haben, kalkulierte Risiken einzugehen und neue Dinge auszuprobieren. Du weißt nie, wozu du fähig sein könntest, bis du es versuchst.
Kurz gesagt, es ist wichtig, ein Gleichgewicht zwischen Realismus und Offenheit für neue Möglichkeiten zu finden. Dies kann dir dabei helfen, Fortschritte zu erzielen und Erfolg in deinen persönlichen und beruflichen Bestrebungen zu erreichen.

Erik: Warum sollte ich mich auf Balance konzentrieren?

Die Aufrechterhaltung eines Gleichgewichts in deinem Leben ist aus mehreren Gründen wichtig:
Es kann dir helfen, dich bodenständiger und zentrierter zu fühlen, was wiederum zu einem größeren Wohlbefinden und Glück führen kann.

Es kann dir dabei helfen, deine Zeit und Energie effektiver zu verwalten, was dir ermöglicht, produktiver und effizienter zu sein.
Es kann Stress reduzieren und Burnout verhindern, indem sichergestellt wird, dass du dich nicht mit zu viel Arbeit oder anderen Verpflichtungen überlastest.
Es kann dir helfen, gesunde Beziehungen aufzubauen und aufrechtzuerhalten, indem du Zeit und Energie in die Menschen investierst, die dir wichtig sind.
Es kann dir helfen, bessere Entscheidungen zu treffen und deine Ziele zu priorisieren, da du die Perspektive und Klarheit hast, die aus einem ausgewogenen Lebensstil resultiert.
Insgesamt kann ein ausgewogenes Leben dazu beitragen, ein glücklicheres, gesünderes und erfüllteres Leben zu führen. Es ist wichtig, das richtige Gleichgewicht für dich zu finden, da dies von deinen individuellen Bedürfnissen und Umständen abhängt.

Erik: Wie kann ich Balance in meinem Leben erreichen?

Hier sind einige Tipps, wie du Balance in deinem Leben erreichen kannst:
Identifiziere deine Prioritäten: Nimm dir Zeit, um darüber nachzudenken, was dir im Leben am wichtigsten ist. Dies könnten deine Karriere, Beziehungen, persönliches Wachstum, Gesundheit oder etwas anderes sein. Die Kenntnis deiner

Prioritäten kann dir helfen, Entscheidungen zu treffen, die einen ausgewogenen Lebensstil unterstützen.
Erstelle einen Zeitplan: Plane deine Tage und Wochen im Voraus, um sicherzustellen, dass du genug Zeit für die Dinge hast, die dir wichtig sind. Dazu gehören Arbeit, Familienzeit, Hobbys, Bewegung und Selbstfürsorge.
Setze Grenzen: Es ist wichtig, deine eigenen Grenzen zu kennen und bereit zu sein, "Nein" zu sagen, wenn du es musst. Dies kann dir helfen, dich davor zu schützen, dich zu überfordern und überwältigt zu fühlen.
Nimm dir Zeit für Selbstfürsorge: Selbstfürsorge ist entscheidend, um Balance zu halten. Achte darauf, ausreichend zu schlafen, dich gesund zu ernähren, regelmäßig Sport zu treiben und Pausen einzulegen, wenn du sie brauchst.
Suche Unterstützung: Zögere nicht, um Hilfe zu bitten, wenn du sie benötigst. Sei es von Freunden, Familie oder einem Profi, die Suche nach Unterstützung kann dir helfen, Balance zu halten und mit den Anforderungen des Lebens umzugehen.
Denke daran, Balance zu finden, ist ein kontinuierlicher Prozess, und es kann einige Zeit dauern, das richtige Gleichgewicht für dich zu finden. Sei geduldig mit dir selbst und scheue dich nicht, Anpassungen vorzunehmen, wenn nötig.

Erik: Wie kann Yin und Yang mir helfen?

Das Verständnis des Konzepts von Yin und Yang kann dir helfen, Balance und Harmonie in deinem Leben zu finden. Es kann dir auch helfen, die Vernetztheit und gegenseitige Abhängigkeit aller Dinge zu verstehen und zu schätzen.

Hier sind einige Möglichkeiten, wie du die Prinzipien von Yin und Yang in deinem Leben anwenden kannst:

- In Gesundheit und Wellness: Du kannst das Konzept von Yin und Yang verwenden, um deine Ernährung, Bewegung und Selbstfürsorge zu leiten. Du könntest beispielsweise versuchen, dein Verhältnis von Yin (kühlend, beruhigend und befeuchtend) und Yang (wärmend, anregend und austrocknend) in der Nahrung auszubalancieren oder deine Aktivitätslevel mit Ruhephasen und Entspannung in Einklang bringen.
- In Beziehungen: Du kannst das Konzept von Yin und Yang nutzen, um das dynamische Gleichgewicht von Geben und Nehmen in deinen Beziehungen zu verstehen und zu navigieren. Dies kann dir helfen, effektiver zu kommunizieren, Grenzen zu setzen und Harmonie mit anderen zu finden.
- Bei Entscheidungen: Du kannst das Konzept von Yin und Yang nutzen, um Vor- und Nachteile verschiedener Optionen abzuwägen und

ausgewogene und vielseitige Entscheidungen zu treffen.

• In der Natur: Du kannst das Konzept von Yin und Yang nutzen, um die Schönheit und das Gleichgewicht der natürlichen Welt zu schätzen und Harmonie und Ausgewogenheit in deinem eigenen Leben zu finden, indem du dich mit der Natur verbindest.

Ich hoffe, diese Ideen geben dir Anregungen, wie du das Konzept von Yin und Yang nutzen kannst, um Balance und Harmonie in deinem Leben zu finden.

Erik: Sollte ich so leben, als wäre es mein letzter Tag?

Es ist natürlich, über unsere eigene Sterblichkeit nachzudenken und zu überlegen, wie wir das Leben angehen würden, wenn wir wüssten, dass es unser letzter Tag ist. Während es unmöglich ist zu wissen, wann unsere Zeit gekommen ist, kann es hilfreich sein zu überlegen, wie wir unser Leben leben möchten, wenn uns die Möglichkeit, dass es früher enden könnte, gegenübersteht.

Zu leben, als wäre es dein letzter Tag, könnte bedeuten, das Beste aus jedem Moment zu machen und so viel Freude, Liebe und Erfüllung wie möglich zu erleben. Es könnte auch bedeuten, mehr im Moment zu sein, achtsamer im Alltag zu sein und sich auf das zu konzentrieren, was dir wirklich wichtig ist.

Andererseits ist es auch wichtig, an die langfristige Zukunft zu denken und Pläne und Vorbereitungen zu treffen. Dies könnte den Aufbau starker Beziehungen, das Verfolgen deiner Ziele und Träume sowie die Pflege deines körperlichen und emotionalen Wohlbefindens einschließen.
Kurz gesagt, es ist wichtig, ein Gleichgewicht zwischen dem Leben im Hier und Jetzt und der Planung für die Zukunft zu finden. Es ist zwar gut, das Beste aus jedem Tag zu machen, aber es ist auch wichtig, auf sich selbst zu achten und Entscheidungen zu treffen, die dir helfen, ein erfülltes und sinnvolles Leben zu führen.

Erik: Sollte ich meinen Träumen folgen?

Im Allgemeinen ist es eine gute Idee, deinen Träumen zu folgen, solange sie gesund und realistisch sind. Träume und Ziele zu haben, kann dir ein Gefühl von Zweck und Motivation geben, und daran zu arbeiten, kann erfüllend sein.
Dennoch ist es auch wichtig, praktisch zu sein und deine aktuellen Umstände zu berücksichtigen. Wenn deine Träume angesichts deiner aktuellen Situation nicht realistisch oder erreichbar sind, kann es hilfreich sein, deine Ziele anzupassen oder einen Plan zu erstellen, um im Laufe der Zeit auf sie hinzuarbeiten.
Es ist auch wichtig, auf dein physisches und emotionales Wohlbefinden zu achten und

sicherzustellen, dass deine Träume deine Gesundheit oder Beziehungen nicht negativ beeinflussen.
Letztendlich ist die Entscheidung, deinen Träumen zu folgen, eine persönliche und hängt von deinen individuellen Umständen und Werten ab. Wenn du dir nicht sicher bist, was du tun sollst, kann es hilfreich sein, mit einer vertrauenswürdigen Freundin, einem Familienmitglied oder einem Fachmann für psychische Gesundheit über deine Träume zu sprechen.

Erik: Sollte ich mich um die Meinungen anderer Menschen kümmern?

Es ist natürlich, sich um das zu kümmern, was andere denken, und es ist oft hilfreich, Feedback und Anleitung von anderen zu suchen. Es ist jedoch auch wichtig zu bedenken, dass die Meinungen anderer Menschen nur das sind - ihre Meinungen. Sie spiegeln nicht notwendigerweise die Realität oder das Beste für dich wider.
Es kann hilfreich sein, die Meinungen anderer Menschen zu berücksichtigen und sie als eine Informationsquelle zu verwenden, aber letztendlich ist es wichtig, Entscheidungen zu treffen, die zu dir passen und mit deinen Werten und Zielen in Einklang stehen.
Es ist auch wichtig zu bedenken, dass du nicht kontrollieren kannst, was andere über dich denken oder sagen. Sich zu sehr darauf zu konzentrieren,

anderen gefallen zu wollen oder ihre Zustimmung zu suchen, kann zu Stress und Unzufriedenheit führen. Versuche stattdessen, dich auf deine eigenen Werte und Ziele zu konzentrieren und authentisch zu sein.
Dennoch ist es auch wichtig, respektvoll gegenüber anderen zu sein und ihre Gefühle zu berücksichtigen. Wenn die Meinung von jemandem verletzend oder schädlich ist, kann es notwendig sein, Grenzen zu setzen oder sich von dieser Person zu distanzieren.

Erik: Sollte ich negative Menschen aus meinem Leben entfernen?

Negative Menschen können eine entkräftende Wirkung auf deine Energie und dein Wohlbefinden haben. Wenn du jemanden in deinem Leben hast, der konsequent negativ ist und dich herunterzieht, kann es notwendig sein, deine Exposition gegenüber dieser Person zu begrenzen oder in Betracht zu ziehen, sie ganz aus deinem Leben zu entfernen.
Dennoch ist es wichtig zu bedenken, dass jeder seine eigenen Herausforderungen und Schwierigkeiten hat und Menschen aus verschiedenen Gründen negativ handeln können. Es kann hilfreich sein, verständnisvoll zu sein und die Situation mit Empathie anzugehen.
Wenn du dich entscheidest, dass es notwendig ist, jemanden aus deinem Leben zu entfernen, ist es wichtig, dies in einer respektvollen und einfühlsamen Weise zu tun. Es kann hilfreich sein, ein Gespräch mit

der betreffenden Person zu führen, um deine Grenzen zu erklären und Unterstützung anzubieten, wenn sie Schwierigkeiten haben.
Letztendlich ist die Entscheidung, negative Menschen aus deinem Leben zu entfernen, eine persönliche und hängt von deinen individuellen Umständen ab. Es ist wichtig, das zu tun, was für dich am besten ist, und dein eigenes Wohlbefinden in den Vordergrund zu stellen.

Erik: Welche Lebensweisheiten kannst du mir geben?

Hier sind einige allgemeine Ratschläge für das Leben, die hilfreich sein könnten:
Priorisiere dein Wohlbefinden: Kümmere dich um deine körperliche und emotionale Gesundheit, indem du ausreichend schläfst, dich gesund ernährst, regelmäßig Sport treibst und Zeit zum Entspannen und Stressabbau nimmst. Setze Ziele und arbeite auf sie hin: Ziele zu haben, kann dir ein Gefühl von Zweck und Richtung geben, und auf sie hinzuarbeiten kann erfüllend sein. Praktiziere Dankbarkeit: Sich auf die Dinge zu konzentrieren, für die du dankbar bist, kann dazu beitragen, dass du positiver denkst und deine vorhandenen Ressourcen schätzt. Sei authentisch: Es ist wichtig, authentisch zu sein und deinen Werten und Überzeugungen treu zu bleiben. Sei freundlich und mitfühlend: Behandle andere mit Freundlichkeit und Mitgefühl und versuche, deren Perspektive zu verstehen. Suche nach neuen

Erfahrungen: Probiere neue Dinge aus und verlasse gelegentlich deine Komfortzone. Dies kann dazu beitragen, dass du wächst und mehr über dich selbst und die Welt um dich herum erfährst. Lerne aus deinen Fehlern: Jeder macht Fehler, aber es ist wichtig, aus ihnen zu lernen und sie als Gelegenheiten zum Wachsen zu nutzen. Finde Balance: Es ist wichtig, eine Balance zwischen Arbeit, Freizeit und Erholung zu finden, um dein Wohlbefinden zu erhalten.

Ich hoffe, diese Vorschläge sind hilfreich. Bedenke, dass der Lebensweg eines jeden einzigartig ist und was für eine Person funktioniert, muss nicht zwangsläufig für eine andere Person funktionieren. Es ist wichtig, herauszufinden, was für dich am besten ist, und offen für Lernen und Wachstum zu sein.

Erik: Was ist der Unterschied zwischen die Wahrheit sagen und nicht lügen?

Die Wahrheit sagen bedeutet, dass Sie Informationen genau und ehrlich so vermitteln, wie sie sind. Nicht lügen bedeutet, dass Sie nicht absichtlich täuschen oder andere irreführen, indem Sie falsche Aussagen machen.

Ehrlichkeit und Integrität sind wichtige Werte, die darin bestehen, wahrhaftig zu sein und nicht zu lügen. Ehrlichkeit hilft, Vertrauen und Glaubwürdigkeit aufzubauen und ermöglicht eine offenere und authentischere Kommunikation mit anderen. Lügen

hingegen kann Beziehungen schädigen und Vertrauen untergraben, und es kann auch negative Konsequenzen in rechtlicher oder beruflicher Hinsicht haben.
Es ist wichtig zu bedenken, dass die Wahrheit sagen nicht immer bedeutet, alles preiszugeben, was Sie wissen, oder persönliche Informationen zu teilen, die für andere unangemessen oder verletzend sein könnten. Es ist auch wichtig, den Kontext und die potenziellen Auswirkungen Ihrer Worte zu berücksichtigen, wenn Sie entscheiden, ob Sie bestimmte Informationen teilen oder nicht.

Erik: Kannst du Voreingenommenheit erklären?

Voreingenommenheit bezieht sich auf eine Neigung oder Tendenz, insbesondere eine, die faire und unparteiische Prüfung einer Angelegenheit verhindert. Voreingenommenheit kann persönlicher Natur sein und die persönlichen Überzeugungen oder Erfahrungen einer Person umfassen, oder sie kann gesellschaftlicher Natur sein und auf weit verbreiteten Überzeugungen oder Einstellungen beruhen, die von einer Gruppe oder der Gesellschaft als Ganzes geteilt werden. Voreingenommenheit kann positiv oder negativ sein und sie kann beeinflussen, wie eine Person andere Menschen oder Situationen wahrnimmt, darüber nachdenkt und handelt. Voreingenommenheit kann schädlich sein, wenn sie zu Diskriminierung oder unfairer

Behandlung von Einzelpersonen oder Gruppen führt. Es ist wichtig, sich der eigenen Vorurteile bewusst zu sein und sich darum zu bemühen, fair und unvoreingenommen in Handeln und Entscheidungen zu sein.

Erik: Was sind einige Vorurteile, die ich kennen sollte?

Es gibt viele Arten von Vorurteilen, die die Gedanken, Gefühle und Verhaltensweisen einer Person beeinflussen können. Einige gängige Vorurteile sind:
Bestätigungsfehler: Dies ist die Tendenz, nach Informationen zu suchen, sie so zu interpretieren, zu bevorzugen und sich daran zu erinnern, die die bestehenden Überzeugungen oder Hypothesen einer Person bestätigen.
Verankerungsfehler: Dies ist die Neigung, sich zu stark auf die erste Information zu verlassen, die bei der Entscheidungsfindung auftaucht.
Repräsentativitätsfehler: Dies ist die Tendenz, die Wahrscheinlichkeit eines Ereignisses danach zu beurteilen, wie ähnlich es einem Prototyp oder einer vorgefassten Vorstellung ist.
Verfügbarkeitsheuristik: Dies ist die Tendenz, die Wahrscheinlichkeit eines Ereignisses danach zu beurteilen, wie leicht Beispiele in den Sinn kommen.
Stereotypisierung: Dies ist die Tendenz, Annahmen über eine Person oder Gruppe aufgrund ihrer

Mitgliedschaft in einer bestimmten Gruppe oder Kategorie zu treffen.
Implizite Vorurteile: Dies sind unbewusste Vorurteile, Einstellungen und Überzeugungen, die eine Person möglicherweise hegt, ohne sich dessen bewusst zu sein.
Self-serving bias: Dies ist die Tendenz, eigene Erfolge persönlichen Faktoren zuzuschreiben und Versagen auf externe Faktoren zurückzuführen.
Egocentric bias: Dies ist die Tendenz, Informationen auf eine selbstbezogene und egozentrische Weise wahrzunehmen und zu interpretieren.
Status quo bias: Dies ist die Tendenz, Dinge so zu belassen, wie sie sind, und Veränderungen zu widerstehen.
Loss aversion: Dies ist die Tendenz, Verluste zu vermeiden und Gewinne zu erzielen.
Overconfidence bias: Dies ist die Tendenz, die eigenen Fähigkeiten und Kenntnisse zu überschätzen.

Es ist wichtig, sich dieser Vorurteile bewusst zu sein und sich bemühen, sie zu überwinden, um faire und unvoreingenommene Entscheidungen zu treffen.

Erik: Was sind die Regeln für das Leben?

Es ist schwer, eine Reihe von Regeln für das Leben zu definieren, die für jeden gelten würden, da verschiedene Menschen unterschiedliche Werte,

Ziele und Umstände haben können. Hier sind jedoch einige allgemeine Grundsätze, die hilfreich sein könnten:

Behandle andere mit Freundlichkeit, Empathie und Respekt.
Sei ehrlich und vertrauenswürdig.
Übernehme Verantwortung für deine Handlungen und ihre Konsequenzen.
Such deine Leidenschaften und Interessen und verfolge sie.
Kümmere dich um deine körperliche und geistige Gesundheit.
Lerne kontinuierlich und wachse als Person.
Finde ein Gleichgewicht zwischen Arbeit und Freizeit.
Gib deiner Gemeinschaft etwas zurück und hilf Bedürftigen.
Pflege positive Beziehungen zu Familie und Freunden.
Es ist wichtig zu bedenken, dass dies nur allgemeine Leitlinien sind, und letztendlich hängen die Regeln für das Leben, die am besten für dich funktionieren, von deinen individuellen Umständen und Zielen ab.

Erik: Sollte ich etwas Bedeutungsvolles verfolgen?

Letztendlich liegt es an dir zu entscheiden, was für dich bedeutsam ist und was du verfolgen möchtest. Die Verfolgung von etwas Bedeutungsvollem kann jedoch ein Gefühl von Zweck und Erfüllung in dein Leben bringen. Es kann auch eine Möglichkeit sein, einen positiven Einfluss auf die Welt oder die Menschen in deinem Umfeld zu haben. Es ist wichtig, über deine Werte und das, was dir wichtig ist, nachzudenken, wenn du in Betracht ziehst, etwas Bedeutungsvolles zu verfolgen.

Erik: Wenn du mir nur einen Ratschlag geben könntest, welcher wäre das?

Es ist schwer, nur einen Ratschlag zu geben, der auf jeden zutrifft, da verschiedene Menschen unterschiedliche Bedürfnisse und Ziele haben. Allerdings könnte ein Ratschlag, der für viele hilfreich sein kann, sein, sich auf das eigene Glück und Wohlbefinden zu konzentrieren. Dies kann beinhalten, sich physisch, geistig und emotional um sich selbst zu kümmern und Aktivitäten und Ziele zu verfolgen, die für einen persönlich bedeutsam und erfüllend sind. Indem du dich um dich selbst kümmerst und dein eigenes Glück in den Fokus rückst, kannst du besser in der Lage sein, Herausforderungen zu bewältigen und auch für andere da zu sein und sie zu unterstützen.
Welche Fragen sollte ich mir stellen, um ein besserer Mensch zu werden?
Hier sind einige Fragen, die du dir stellen kannst, um ein besserer Mensch zu werden

- Was sind meine Werte, und wie kann ich meine Handlungen damit in Einklang bringen?
- Wie kann ich empathischer und verständnisvoller gegenüber anderen sein?
- Was sind meine Stärken, und wie kann ich sie nutzen, um einen positiven Einfluss auf die Welt zu haben?
- Wie kann ich meine Kommunikations- und zwischenmenschlichen Fähigkeiten verbessern?
- Welche kleinen Veränderungen kann ich in meinem täglichen Leben vornehmen, um umweltfreundlicher zu sein?
- Wie kann ich proaktiver in der Pflege meiner körperlichen, geistigen und emotionalen Gesundheit sein?
- Wie kann ich dankbarer und wertschätzender für die Menschen und Dinge in meinem Leben sein?

Das Stellen dieser Art von Fragen kann dir helfen, selbstbewusster zu werden und dich dazu motivieren, positive Veränderungen in deinem Leben vorzunehmen. Es kann auch hilfreich sein, Feedback von anderen einzuholen und offen für das Lernen und das persönliche Wachstum zu sein.

Hoffentlich konnte meine Testung des Chatbots Ihnen einige Erkenntnise liefern. Weiter geht es mit eigens verfassten Texten.

Peter Pan und Pinocchio

Peter Pan (J. M. Barry, 1904) und Pinocchio (Carlo Collodi, 1881) sind in der Welt der Literatur die bekanntesten Repräsentanten des psychologischen Konzepts der Infantilität. Beide Figuren charakterisieren sich durch impulsives Verhalten und vor allem durch die Ablehnung von Verantwortung und Pflichten. Sie verhalten sich wie Kinder und sind es auch so lange, bis sie ihr kindisches Wesen und ihre Unreife ablegen. Pinocchio, der sich im Laufe der Geschichte wünscht, ein echter Junge zu werden und seinen Holzkopf, also sein ihm Unglück bringendes Verhalten, abzulegen, bekommt von der guten Fee den Ausweg gezeigt: *Gewöhne dich daran, ein braver Junge zu sein. Die braven Kinder lernen und arbeiten gerne. Die braven Kinder sagen immer die Wahrheit.*
Was für mich so viel bedeutet wie: Verantwortung für deine Taten und Worte sind der Weg, der dich zu deiner Bestimmung führt.
Unreife und ein kindisches Wesen sind wünschenswert – in Kindern. Wir haben uns, zwar per Gesetz, aber nicht in unserer Gesellschaft, auf ein Alter geeinigt, ab dem kindisches Verhalten nicht mehr akzeptabel ist. Es liegt vielleicht zwischen 25 und 28. Wenn wir einem Studenten begegnen und erfahren, dass er 24 Jahre alt ist, reagieren wir anders, als wenn er 29 Jahre alt ist und im 11.

Semester studiert. Nun gibt es Lebensschicksale oder Studiengänge, die dies rechtfertigen können, aber es gibt auch Menschen, die nur auf ihrem Personalausweis erwachsen sind[80]. Der groß gewordene Mensch wird sehr wahrscheinlich nie das Konzept *Infantilität* so repräsentieren wie Peter Pan oder Pinocchio. Eher manifestiert sich von sagen wir 30-jähgien Babys, die Kindernatur nur in gewissen Lebensaspekten. Wir sind uns aber einig, dass es Lebensareale gibt, die von größerer Bedeutung sind als andere, sodass in zentralen Aspekten kindisches Verhalten von einem pseudo Erwachsenen von wirklich erwachsen Gewordenen missbilligt wird. Kindern verzeihen wir dies, da es ihr Job ist Kind zu sein. Manche Kinder sind schon bevor sie 18 Jahre alt werden erwachsen. Als bestes Beispiel etwa große Geschwister mit einem alleinerziehenden Elternteil, die schon früh viel Verantwortung für ihr jüngeres Geschwisterkind übernehmen mussten. Es ist das Annehmen von Verantwortung und Pflichten, was erwachsen macht. Pinocchio hat dies als Bürde angesehen, doch er hat nicht erkannt, wie es ist, befreit von der eigenen Impulsivität zu sein. Jedes Mal, wenn die Holzpuppe sich einer Laune hingibt, wird sie dafür abgestraft. Pinocchio ist Sklave seiner Impulsivität und hat keine Kontrolle über sein Leben

---

[80] Eine direkte Anspielung an *Scheiße baut sich nicht von alleine* von *SDP* (2022). *Doch ich bin nur auf meinem Perso erwachsen. Ich bin zwölf geworden und dann nur noch gewachsen.*

und ist extrem abhängig von anderen und deren Güte. Ich glaube, dass er die Hilfe erhält, eben weil er noch ein Kind ist und es die Aufgabe der bereits erwachsen gewordenen ist, ihm auf dem Weg hin zum richtigen Jungen zu helfen. Zumindest dann, wenn sie meinen, dass er noch jung genug ist, die Hilfe verdient zu haben.
Als ich 11 Jahre alt war, habe ich mich nicht getraut, bei der Pizzeria anzurufen, um etwas zu bestellen. Würde ich heute noch immer meine Eltern deswegen um Hilfe bitten, würden sie mich dumm anschauen, und das zurecht. Auch unser aller liebster gelber Schwamm erhält in seinem ersten Film die Quittung für sein kindisches Verhalten[81]. Mr. Krabs eröffnet die Krosse Krabbe Zwei und verkündigt Thaddäus als neuen Manager. SpongeBob wird die Verantwortung nicht zugetraut und wir sehen anhand seiner Reaktion, dass Verantwortung nicht immer etwas Schlechtes ist. Sie ist anstrengend, aber sie lohnt sich, vor allem langfristig.
Pinocchio wandert am Anfang völlig ziellos durch die Gegend. Er hat kein Ziel, das er erreichen will, und daher ist es ihm egal, welchen Weg er einschlägt. Er ist stets von anderen abhängig und unfähig, seine eigene Zukunft zu gestalten. Sehr kurzfristiges Glück findet er in seinem impulsiven Verhalten und im Anschluss die doppelte Portion Unglück. Es mangelt

[81] Hagemann meint hier den 2004 erschienenen Film *Der SpongeBob Schwammkopf Film* (S. Hillenburg & D. Drymon).

ihm an Mut für Verantwortungs- und Pflichtbewusstsein. Die Fähigkeit, das Jetzt für die Zukunft zu opfern, ist eine zentrale Komponente des Erwachsenwerdens. Vor allem aber ist es ein Ausdruck des Glaubens und der Hoffnung. Heute zu leben, als wäre es der letzte Tag, mag befreiend klingen, aber ich denke, dass es ein Ausdruck der Hoffnungslosigkeit und Kindlicheit ist. Wer heute wirklich lebt, als wäre es der eigene letzte Tag, sollte seine Wohnung kündigen. Doch wir bezahlen unsere Miete, gehen zur Schule, bilden uns, weil wir der tiefen Überzeugung sind, dass morgen, aber vor allem übermorgen auch noch ein Tag ist. Ein Ausdruck von Glaube und Hoffnung.

Umso mehr freut es mich, dass ich es geschafft habe, einiges meines kindlichen Geistes in meine Persönlichkeit zu integrieren, ohne dabei meinem Verantwortungs- und Pflichtbewusstsein zu schaden. Denn Verantwortung übernehmen wir für Dinge, die uns am Herzen liegen. Dies ist ein Marker dafür, dass es Dinge in unserem eigenen Leben gibt, denen wir einen Sinn zuschreiben. Es ist weniger der Sinn des Lebens, sondern der Sinn im Leben, der uns antreibt und Kraft gibt. Wenn jeder erwachsene Mensch Verantwortung für seinen Drachen übernehmen würde, dann wäre die Welt ein sicherer und besserer Ort. Vielleicht schwebt in Ihnen die Frage, warum der ganze Aufriss?

Nun, um es mit einem Meme zu sagen, in dem die gleiche Frage gestellt wird, erhalten Sie hier meine Antwort:

Will Smith erhält das Jobangebot, ein Men in Black (Barry Sonnenfeld, 1997) zu werden. Sein Partner lässt ihm etwas Bedenkzeit und geht allein.
Will ruft ihm hinterher: "*Is it worth it?* "
"*Oh yeah, it's worth it. If you're strong enough.*"

Eine Antwort für jeden, der schwierige Zeiten in seinem Leben durchmacht und überlegt aufzugeben.

Hänsel und Gretel und Mrs. Dursley

Was der Hexe im Märchen *Hänsel und Gretel* (Brüder Grimm, 1812) nicht gelang, hat Mrs. Dursley perfektioniert. Das macht die Hexe nicht weniger zur Ikone der literarischen Beispiele des Archetyps der verschlingenden Mutter. Ihr Vorhaben vermittelt wunderbar die Folgen, die Kinder zu fürchten haben, wenn sie eine verschlingende Mutter haben – zumindest bildlich. Harry Potters Cousin Dudley ist wohl das buchstäbliche Resultat.

Für Petunia Dursley gibt es wohl nichts Wichtigeres als ihren Sohn Dudley. Sie ist überfürsorglich, erfüllt Dudley jeden Wunsch, nimmt ihm jede Verantwortung für sein schlechtes Verhalten und korrigiert es nicht. Für Dudley ist rundum gesorgt. Gleiches sehen wir bei Hänsel und Gretel, wobei wir hier genauer hinsehen müssen. Die verstoßenen Kinder erhalten ein Dach über den Kopf und ein Haus, das nur aus Süßigkeiten besteht – ein Paradies für die Kinder. Weder die Geschwister noch Dudley bemerken, in welcher Gefahr sie sich befinden.
Der Archetyp der verschlingenden Mutter ist keineswegs eine positiv zu sehende weibliche Figur, da sie dazu neigt, ihre Kinder zu erdrücken und ihre

persönlichen Bedürfnisse über die ihrer Kinder zu stellen. Nur ein Narr würde auf die Idee kommen, dass Petunia Dudleys Wohl im Sinn hat[82]. Die Geschichte lässt uns diesen Interpretationsweg auch nicht. Dudley entwickelt sich zu einem verzogenen, gewalttätigen und selbstsüchtigen Jungen. Seine Mutter hat durch ihre Selbstsucht sein ganzes Potenzial verschlungen und seine Seele verdorben.

Petunia hat die Schwäche gezeigt, nicht fähig zu sein loszulassen. Sie konnte die Idee nicht verkraften, dass ihr Baby groß wird, und hat Dudley stets so behandelt. Wäre die Geburt das Schwerste, was eine Mutter durchmachen muss, dann wären wir als Spezies nicht weit gekommen. Ihre größte Stärke müssen Mütter beweisen, wenn es Zeit wird, ihre Kinder in die große weite Welt zu schicken. Dieser Akt der Liebe ermöglicht es den Kindern, erwachsen zu werden und ihr Glück außerhalb der mütterlichen Fürsorge zu finden. Verschlingende Mütter sind also selbstsüchtig, da sie ihren Kindern ihr Potenzial rauben, sie nicht loslassen, um weiterhin die überfürsorgliche Mutter zu bleiben und nicht den Schmerz erleiden zu müssen loszulassen.

Die verstoßenen Geschwister und Dudley sind ahnungslos und ihren verschlingenden Müttern schutzlos ausgesetzt. Aus ihrer Sicht erhalten sie

---

[82] In der Musik beispielsweise durch *Mommy* von *Kota the Friend* (2019) manifest: *And if I could get you everything. Shit, I probably would. Then again I wouldn't 'Cause it wouldn't do you good.*

alles, was sie brauchen. Es liegt an der Mutter zu erkennen, dass ihre Kinder nicht sicher sind, wenn sie selbst schwach ist. Dudleys schwacher Charakter ist ein Resultat der Überfürsorglichkeit seiner Mutter. Er hat sich seine Sachen nie hart verdient, noch hat er je wirklich Verantwortung für sein gemeines Verhalten übernommen. Er wurde selbstsüchtig und gewalttätig – schwache Menschen sind gefährlich. Petunia hätte ihn stark machen können, wenn sie ihn nicht von allen Hürden befreit hätte. Er hätte sich seine Sachen verdienen müssen. Aber Petunia war schwach und hat damit auch Dudley schwach gemacht. Und was ein liebenswerter Charakter er wurde.

Die Hexe im Lebkuchenhaus vermittelt den Archetyp viel bildlicher und dramatischer. Sie mästet die Kinder und will sie am Ende wortwörtlich verschlingen. Ihnen stand der Tod bevor, indem sie ihre Körper verlieren. Zum Glück haben sie den Spieß umgedreht. Sie haben schlussendlich gelernt, dass die Welt da draußen gefährlich ist - schnell wird man gefressen. Dudley ist geblieben und hat seine Seele verloren. Entscheiden Sie, was schlimmer ist: Seinen Körper oder seine Seele zu verlieren? Meine Antwort ist mit diesem Buch bereits gegeben[83].

[83] Eine Anspielung auf Hagemanns Essays *Legend sterben nicht* und *Ewiges Leben*. Aber auch eine gewisse Frage an die Lesenden, ob Sie bereits die Botschaften der Essays verstanden haben, denn falls ja, haben die Lesenden die Antwort bereits.

The freudians said very wisely that the good mother necessarily fails. It means she stops providing the comfort that insulates people against the need for adventure.[...] It´s the female crucifixion. [...]The best potrail I´ve seen is Michelangelo´s Pieta. It´s a statue of Mary ans she has Christ´s body, as an adult, on her lap. And he is broken and destroyed and she is displaing that. And thats the bravery of a mother, to allow that to happen. And not only that but to facilitate it. Way you go, kid. Way you go. Way you go. But why? It´s dangerous out there. Yeah no kidding. It´s more dangerous here if you stay with me. By a lot. So you might lose your body out there in the world but if you stay here you will lose your soul.[84]

---

[84] Hagemann zitiert Jordan B. Peterson aus einem Interview mit Chris Williams. Zu finden auf YouTube: *Jordan Peterson - 7 Harsh Realities Of The Modern World* von *Chris Williams* (17.02.2022, Min. 41:35).

Kafkas Drache

Mein Verständnis über den richtenden Vater als Archetyp ist nicht suffizient, um darüber eine akkurate Ausführung scheiben zu können. Trotzdem soll er hier Erwähnung finden, wenngleich meine folgende Beschreibung nicht perfekt sein mag. Es ist folglich auch egal, wie Sie die Stimme des Gewissens nennen oder wohin Sie dessen Herkunft zuordnen. Lassen Sie mich versuchen, mein Verständnis des richtenden Vaters zu schildern.

Die größte Bekanntschaft dürfte er in der Rolle Gottes im Alten Testament erhalten haben. In der Literatur vor allem durch Franz Kafka bekannt, aber auch die Grille aus dem Disney Pinocchio-Film (B. Sharpsteen & H. Luske, 1940) ist als Beispiel zu nennen. Doch ist zu hoffen, dass sie diese Vaterfigur aus Ihrem eigenen Leben kennen.

Es ist besonders Kafka der deutlich machte, wie sehr diese Vaterfigur missverstanden wird. Nicht durch Schönheit, wie es die David-Statue von Michelangelo tut, vermittelt der richtende Vater mit dem Fingerzeig unsere Unzulänglichkeiten. Mit voller Härte und blanker Ehrlichkeit donnert das Urteil des Vaters auf uns herab. Es ist genau dieses Urteil, was

Georg in Kafkas Novelle[85] in den Tod treibt. Für Kafka war sein Vater ein Schreckensbild. Nie konnte Kafka ihm gerecht werden, sodass dies immer wieder Thema in Kafkas Werken ist. Wer kann es ihm übelnehmen? Wer hat als Kind nicht das Elternteil verurteilt, welches mit wackelndem Zeigefinger deutlich machte, dass erst die Hausaufgaben zu machen sind, bevor gespielt wird. Wir hassen unsere Eltern regelrecht, denn tief in uns drin wissen wir, dass sie recht haben. Nachts waren wir länger wach und taten dann so, als ob wir schliefen, nur um dem Urteil zu entfliehen, welches auf uns gewartet hätte, wenn wir erwischt worden wären. Der richtende Vater macht uns für unsere Taten verantwortlich. Gott, der uns stets auf die Finger blickt und all unsere Fehler entblößt, die wir so tüchtig zu verstecken versuchen[86]. Wir haben Sterbensangst, als unzureichend entlarvt zu werden[87]. Am liebsten würden wir unsere Hausaufgaben nie machen, immer so lange aufbleiben wie wir wollen und für immer wie Pinocchio ohne Konsequenzen das tun, was unsere hedonistischen Impulse von uns verlangen. Zwar das

---

[85] Gemeint ist *Das Urteil.* Die Novelle von Franz Kafka erschien 1913.

[86] In der Musik beispielweise durch *Hinter klugen Sätzen* von *AnnenMayKantereit* (2018) manifest.

[87] In der Musik beispielweise durch *Bagles* von *Kota The Friend* (2019) manifest: *I barely leave out the crib'. Cause I'm afraid to be judged. They'll figure out I ain't shit. And I just wanna be loved.*

schlechte Gewissen im Hinterkopf, aber an diesen Schmerz versucht man sich zu gewöhnen.

Von diesen Gedanken ist das negative Bild des richtenden Vaters geprägt. Völlig legitime Gedanken für ein Kind oder eine Person mit einem richtenden Vater, der seine Urteile auf Trugschlüsse stützt. Die Wichtigkeit dieses Richters zu erkennen, ist für erwachsen Gewordene vorbehalten. Denn unsere Taten haben durchaus Konsequenzen und das Leben ebnet sich keineswegs für uns so, wie es sich für Pinocchio ebnete. Gute Gründe für die eigenen Taten zu haben, diese im vollen Bewusstsein der möglichen Konsequenzen auszuführen und die Kraft zu besitzen, mit diesen Konsequenzen umzugehen, sind Anzeichen für eine erwachsen gewordene Person[88]. Im gesunden Maß braucht das Kind diese Vaterfigur, wie es auch die beschützende Mutterfigur braucht. Die Mutter muss zu sehen, dass sie ihr Kind nicht verschlingt und der Vater muss aufpassen, dass er sein Kind nicht zum Tode verurteilt. Wenn dann noch das Kind (bedenken Sie, dass dies nichts unbedingt mit dem Alter zu tun hat) diese Umstände erkennt, dann dürfte sein Weg so geebnet sein, dass er nicht

---

[88] Hagemann beweist hier die Konstanz und die Weiterführung seiner Ausführungen in seinem Buch *Normen* (2023). In dem die Hauptaussage war, dass es vor allem die Argumente sein sollten, die unsere Handlungen bestimmten. Hier schreibt er von *guten Gründen*.

zu leicht und nicht zu schwer zu beschreiten ist. Die Drachen werden so oder so warten.

Im Brief an den Vater (1919) versucht Kafka seinen Vaterkonflikt zu bewältigen. Soweit ich weiß, hat Kafka seinen größten Drachen (eben diesen Konflikt) nie besiegen können, sodass er nie gefunden hat, was es für ihn zu finden gab (ein Leben mit besiegtem Drachen und friedvoller Vaterbezeihung). Schade.

Wie ein ehrliches Tinder Profil aussehen könnte

Hi. Ich bin Erik und ich suche nach einer Frau. Nun ja ich bin ein junger Kerl und ich suche eine Frau zum Heiraten. Denn der junge Kerl will ich nicht mehr sein. Es wird Zeit, ein Mann zu werden. Dafür brauche ich ein Mädchen, welches zu einer Frau wird. (Im englischen mit *woman* und *wife* besser zu verstehen) Ich möchte nicht daten oder belanglose Texte hin- und herschicken. Ich möchte lachen und spielen und witzeln und uns gemeinsam zuhören und füreinander da sein, ohne dass jemand das Gefühl hat, er oder sie müsste gehen. Wir würden alles füreinander tun und bleiben beieinander, egal was passiert. Ich suche jemanden, mit dem ich mein Leid teilen kann und ich möchte auch dein Leid auf mich nehmen, damit wir beide wachsen können, damit wir beide erwachsen werden können und dieser grausamen Welt etwas an Liebe entgegenbringen können und der Dunkelheit ein Licht entgegenzubringen. Ich suche jemandem, dem ich ein Licht sein kann. Vielleicht bin ich eine Kerze und du das Streichholz. Vielleicht ist es auch andersherum, das ist mir gleich. Aber ich will, dass wir zusammen leuchten. Und auch wenn die Dunkelheit um uns herum immer dunkler wird, will ich, dass wir weiter leuchten. Ich möchte, dass wir unserer Kerze immer wieder neues Wachs schenken, damit wir weiter leuchten können. Dann möchte ich Kinder haben, die ebenfalls leuchten, mit ihrem Lächeln die Dunkelheit vertreiben, die uns Nacht für Nacht heimsucht. Doch gemeinsam können wir es schaffen und wenn wir uns genug anstrengen, dann werden wir es auch schaffen. Wenn du also nicht mehr rumdödeln willst, sondern dein Leben in die Hand nehmen, dem Bösen trotzen und zurückschlagen möchtest und dies nicht allein, sondern gemeinsam. Dann bin ich hier. Ich suche jemanden mit dem ich zuschauen kann, wie unsere Kinder großwerden. Ich möchte ihnen zeigen, dass die Dunkelheit der Welt nicht das Maß aller Dinge ist. Sondern dass durch Liebe, Freundschaft, Ehrlichkeit und Treue, aber vor allem durch Liebe, der Schmerz nicht siegen wird. Und die Kinder werden uns auf die Nerven gehen. Natürlich. Haben wir das nicht auch bei unseren Eltern getan? Aber wir werden es vermissen, wenn sie uns nicht mehr lauthals rufen, wenn sie einen Stock im

Garten gefunden haben oder ein Eichhörnchen im Baum gesehen haben. Nein, sie werden auch erwachsen und wir müssen alles dafür tun, dass sie nicht glauben, dass das Leid und die Dunkelheit siegen wird. Wir müssen sie stark machen und ermutigen und wir selbst dürfen unser Lächeln nicht verlieren. Unser Lächeln bis ans Ende unserer Tage. Und es wird Tage geben, die sind nicht gut. Es wird auch Wochen und Monate geben, die nicht gut sind. Doch das Licht scheint da, wo die Dunkelheit sich auszubreiten versucht. Dort werden wir es nicht zulassen, dass unsere Kerze nicht ausgeht. Nein, wir werden heller leuchten und immer heller, solange wir können, Seite an Seite[89].

---

[89] Ein sehr untypischer Essay Hagemanns, der dennoch die typische Thematik von Stärke im Angesicht der Drachens anspricht. Der Essay erscheint untypisch, da er eine transkribierte Sprachaufnahme ist.

So machen es Gewinner[90]

Interviewer fordern gerne von Prominenten Ratschläge und Lebensweisheiten. Auch in den Reden, die die Berühmtheiten dieser Welt bei den Oscars, den Grammys etc. halten, kommen diese nicht zu kurz. Häufig empfehlen sie nichts dem Publikum, sondern haben als Adressaten ihrer Nachricht ihr jüngeres Selbst gewählt. Auch in Interviews oder Gesprächen wird meist nach Tipps gefragt, die man dem jüngerem Ich geben würde. Eine plausible Herangehensweise, die wirklich wertvollen Erfahrungen aus einem Menschen herauszukitzeln. Einer fremden Person einen Ratschlag zu geben, ist recht schwer. Aber im Kopf in die Vergangenheit zu reisen, um seinen 13-Jährigem Ich eine Sache zu sagen, ist durchaus möglich. Da hierbei eine der höchsten Prioritäten des Menschen, nämlich er selbst adressiert wird, ist die Wahrscheinlichkeit für eine wirklich wertvolle Antwort sehr hoch. Sie ist ehrlich und ernst gemeint. Wenn Sie sich nicht sicher sind, ob z.B. eine Verhaltensweise gut oder schlecht ist, fragen Sie sich,

---

[90] Häufig genutzte Worte aus Hagemanns Lieblingsfilm *Könige der Wellen* (A. Brannon & C. Buck, 2007). Sein Vorhaben diesen Film gründlich analysiert auf Papier zu bringen wurde nach einigen Versuchen verworfen. Dieser Essay ist stattdessen entstanden.

ob Sie diese dem besten Freund oder der besten Freundin raten würden[91]. Auch Musiker nutzen diese Gedankenbrücke für Lieder mit tiefgründigem Inhalt. Lebensweisheiten für eine undurchsichtige Masse an Fans und ein unabgrenzbares Publikum zu schreiben, scheint nicht die Hirnareale anzusprechen, die wertvolle Ratschläge in kreativen Unterfangen hervorbringen. Mit *for colored boys* (2019) und *for troubled boys* (2022) schrieb Kota the Friend zwei Songs mit seinen Kindern als Adressaten[92]. Kreative Persönlichkeiten finden einen Weg, ihre Botschaft zu senden, wobei sie gerne abseits des konventionellen Weges gehen. Das macht sie zu Kreativen. Nun habe ich den folgenden Text nicht mit den Gedanken an mein jüngeres Ich geschrieben. Denn es hat die Steine auf seinem Weg ganz gut überstanden. Dieser Text richtet sich an mein zukünftiges Ich, weil es seinen Weg noch gehen muss.
Und daher sag ich meiner Zukunft[93]:

---

[91] Zu diesem Zeitpunkt war der Essay *Das Wäre eine gute Idee* noch nicht geschrieben, welcher umfänglich diese Thematik abhandelt.

[92] Ein seltener Fall, dass Hagemann im Essay Lieder benennt, anstatt sie sich als Notiz am Rand zu notieren. Wie es folglich auch der Fall war: In der Musik beispielweise durch *A Letter To My Younger Self* von *Quinn XCII* als Lied und Albumname (2020) manifest.

[93] Es folgt ein Text, den Hagemann während einer Zug- und Busfahrt in der Notiz-App seines Handy schrieb. Der vorherige Teil wurde, als Einleitung, Tage oder Wochen danach geschrieben.

Geh immer deinen Weg, denn so machen es Gewinner. Wir können nicht dauerhaft gut gelaunt sein, aber wenn wir wissen und anerkennen, dass Sinn durch Verantwortung kommt, dann vermögen die Drachen, die wir bekämpfen, uns nicht unglücklich stimmen. Harte Arbeit, Anstrengungen sind nicht das gleiche wie Unzufriedenheit. Harte Zeiten bleiben harte Zeiten, egal wie sehr wir verinnerlicht haben, dass sie es sind die uns langfristig zufriedenstellen. Aber dieses Wissen macht uns Mut. Es gibt uns die Gewissheit, durchzuhalten. Vielleicht sind wir in schweren Zeiten nicht immer gut glaunt, aber vielleicht schaffen wir es dennoch, ein halb volles Glas zu sehen, indem wir den Mut aufbringen, dem Drachen entgegenzutreten, in den Abgrund zu schauen und nicht zu schaudern, wenn er auch in uns hinein schaut. Wir kämpfen mit Monstern und werden dabei nicht selbst zu einem. Wir werden nicht verbittert, hasserfüllt, neidisch oder nihilistisch. Wir sind weder naiv noch zynisch. Die Balance zwischen Selbstliebe und Selbstoptimierung ist erreicht. Es besteht keine Diskrepanz zwischen der Idee, gut genug zu sein und der Idee, nicht gut genug zu sein. Wir haben den Mut, dem Leben trotz seiner Schattenseiten zu begegnen. Wir vertrauen, obwohl man uns betrügen kann. Wir vertrauen aus Mut. Wir lieben, obwohl man uns verletzen kann. Wir lieben aus Mut. Wir glauben aus Mut. Wir werden zum Helden, weil wir mutig sind und nicht den einfachen Weg gehen, welcher uns unsere Macht für das Böse nutzen lässt. In schwachen Momenten stark zu sein, macht einen zum Vorbild. Wir geben unser Bestes was auch immer kommen mag, denn wir spielen das Spiel des Lebens nur einmal und wir werden versuchen, das großartigste Spiel zu spielen. Wir sind dankbar trotz unseres Leids[94]. Wir gehen unseren Weg, denn so machen es Gewinner.

[94] Hier wird das Buch *Beyond order: 12 more rules for life* von Jordan B. Peterson (2021) indirekt zitiert. Die Origianlregel lautet: *Be grateful inspite of your suffering.*

Teil II

Sprichwörter, Phrasen und Metaphern halten sich in unserer Kultur, wie verantwortungsbewusste Autofahrer an die Geschwindigkeitsbegrenzungen. Es gibt sie gefühlt schon ewig, was davon zeugt, dass sie Werte in unsere Kultur bringen, die wir für so wertvoll halten, dass wir sie nutzen und weitergeben. Die Bilder, die sie in sich tragen, sind für uns so relevant, dass wir sie in unserem Alltag nicht missen wollen. Kein Wunder, denn Bilder in der Sprache sind in der Lage, vieles einfacher zu machen. Ein Sprichwort malt ein Bild. Man muss dieses Bild nicht neu malen. Was gemeint ist, muss nicht in vielen Sätzen erklärt werden. Nun trifft dies nicht auf alle Sprichwörter zu. Sie malen zwar ein Bild, aber einige werden heutzutage nur noch verhöhnend bzw. scherzend genutzt. Sie werden nicht mehr ernst gemeint gesagt und haben daher ihren großen kulturellen Einfluss verloren, bleiben aber als Überbleibsel alter Zeiten in der Gesellschaft erhalten. Auch wenn ich *Da wird ja der Hund in der Pfanne verrückt* im richtigen Kontext zu verwenden weiß, würde ich dieses Sprichwort nie spontan und ernsthaft einsetzten. Eher kommt es für sarkastische Zwecke zum Tragen. Andere Sprichwörter aus alten Zeiten finden in unseren heutigen Zeit kaum noch ein Ohr. Die Katze im Sack kaufen. Aber wir legen noch einen Zahn zu, wenn wir uns beeilen. Selbstverständlich nutzen wir diese Ausdrücke nicht in jeder Chance, die sich uns bietet. Aber allein der Fakt, dass Sie alle die bisher genannten Sprichwörter kennen, zeugt von ihrer kulturellen Relevanz.

Die Idee, einige Sprichwörter genauer unter die Lupe zu nehmen, stammt nicht direkt von mir, sondern von meiner Editorin. Indirekt stammt sie jedoch aus meiner Feder, da ich bereits vor zwei Jahren in den Kaninchenbau gesprungen bin und Der Weg ist das Ziel[95] ausführlich erkundet habe. Ohne den Vorschlag meiner Editorin würden Sie dies jedoch niemals lesen also: danke. Bevor ich darauf eingehe, beantworte ich, was es mit dem Kaninchenbau auf sich hat, in den ich hineingesprungen bin. Nun, dies ist auch ein Sprichwort, nur keines, welches wir im Deutschen verwenden, sondern sich in der englischen Sprache wiederfindet. Ich habe dieses einfach übersetzt und hier eingesetzt: going down a rabbit hole. Man möchte ein Thema genau durchsteigen und begibt sich auf eine Erkundungsreise. Seinen Ursprung findet dieses wunderschöne Bild aus der noch schöneren Welt, die 1865 Lewis Caroll mit Alices Abenteuer im Wunderland erschuf. Vielleicht steigt man in den Kaninchenbau des Bauamts, weil man einen Bauantrag stellen möchte. Man begibt sich auf

---

[95] Hagemann bezieht sich hierbei auf sein Buch *Ein Freigeist, ein Bleistift und ein paar Blatt Papier* (2022) und seine *philosophische Anekdote zu »Der Weg ist das Ziel»,* welche am 9. September 2021 geschrieben wurde.

die Reise, alle Paragraphen, Ausnahmen und Voraussetzungen zu verstehen und der Kaninchenbau wird zum Labyrinth. Wie Alice wandelt man recht verloren umher, während man versucht, sich einen Reim auf das ganze Konzept zu machen und es zu verstehen. Vielleicht gibt es am Ende nichts zu verstehen. Wer das Buch von Caroll gelesen hat, weiß, dass es in das Genre Nonsens fällt (auch ohne sich damit auszukennen). Das Wunderland und alles, was darin passiert, lässt einen in seiner Sinnlosigkeit sprachlos. Lassen Sie uns also über die verschiedensten Sprichwörter diskutieren und prüfen, ob sie denn einen tieferen Sinn in sich tragen. Zumindest werden wir erfahren, wie sie sich aufgedröselt zeigen, was uns das Bild, welches sie malen, besser verstehen lässt.

Wo ein Wille ist, ist auch ein Weg

Obwohl wir das Verb *wollen* heute noch sehr häufig benutzen, scheint mir sein verwandtes Nomen der Wille aus der Mode gekommen zu sein. Ebenfalls verwandte Wörter wie der Entschluss oder das Begehren haben sich weitestgehend aus unserem Sprachgebrauch verabschiedet. Doch es scheint genau das Wissen davon zu sein, wohin wir hin wollen, welches den Weg bereitet. Wer einen Willen hat, wird auch den Weg dort hin finden. Das Sprichwort legt nahe, dass sich ohne einen Willen, ohne ein Begehren, kein Weg ebnet. Vielmehr wird man ohne Orientierung planlos umherwandeln. Eine Idee davon zu haben, wo man hin möchte, scheint essentiell dafür zu sein, dass man auch einen Weg vorfindet. Dahingehend macht dieses Sprichwort jedem Mut, der sich einem Ziel verschrieben hat. Nichts ist unerreichbar für eine Person mit einem Willen, denn wo ein Wille ist, ist auch ein Weg. Für den scheinbar Motivierten mag die Verantwortung, einen Willen zu kreieren, keine frohe Botschaft sein. Er wird orientierungslos bleiben, bis er sich der Herausforderung stellt, seinen eigenen Willen zu etablieren. Ein Ziel, zu dem wir aufsehen können, lässt uns nicht im Dunkeln tappen. Es gibt uns Richtung und einen Weg, den es wert ist, zu gehen.

Auch wenn die humorvolle Abwandlung *Wo eine Villa ist, ist auch ein Weg* meist als schlechter Scherz gemeint wird, ist sie in meinen Augen ebenfalls mächtig. Eine Villa ist ein großes Ziel, welches es wert ist verfolgt zu werden. Eine scheinbar motivierte Person wird es wohl nicht schaffen, eine Villa zu akquirieren. Diese neu geformte Variante des Originals zeigt außerdem, dass eine Villa nicht unerreichbar ist.

Zu guter Letzt ist noch zu sagen, dass der amerikanische Traum sich in den Prinzipien dieses Sprichworts manifestiert. In Amerika vermag es jeder vom Tellerwäscher zum Millionär zu schaffen, wenn er gewillt ist, die Arbeit, die dafür notwendig ist, zu leisten. Wer einen Willen hat, wird einen Weg finden. Leider sind beide Konzepte in meinen Augen auch absolutistisch zu interpretieren. Wer es in Amerika nicht schafft, erfolgreich zu werden, hat einfach nicht hart genug gearbeitet. Und wer keinen Weg findet, seinen Willen durchzusetzen, hatte wohl keinen Willen, der stark genug war. Eine Perspektive die den Einfluss von außen nicht beachtet. Dies sollte uns jedoch niemals davon abhalten, unser Bestes zu geben. Hinter dem Drachen liegt das Gold. Es zu versuchen, heißt nicht, dass Sie gewinnen. Es nicht zu versuchen, heißt, dass Sie garantiert verlieren.

Die Dosis macht das Gift

Dieses Sprichwort findet nicht nur in der Medizin Zustimmung, sondern auch im echten Leben Anwendung. Den meisten Menschen ist der Gedankengang geläufig, dass auch eine nur moderat giftige Substanz durch eine sehr hohe Dosis gefährlich ist. Seltener betrachten wir den gegenläufigen Fall. Vergiften wir uns tötlich bei nur einmaliger Exposition, dann dürfen wir das Gift als sehr potent einstufen. Daraus ergibt sich eine Handlungsempfehlung, die darauf abzielt, eine Vergiftung zu vermeiden oder zumindest hinauszuzögern. Extrem giftige Substanzen sind völlig zu meiden. Die erlaubte freiwillige Exposition gegenüber einer Substanz steigt proportional mit ihrer sinkenden Potenz.

100% giftig = 0% Exposition
90% giftig = 10% Exposition
0% giftig = 100% Exposition

Nun ist dies nur eine Empfehlung und Ihr eigenes Handeln liegt in Ihren Händen. Doch bedenken Sie stets, dass Empfehlungen nicht ohne Grund ausgesprochen werden. Der Umgang mit giftigen Substanzen hängt maßgeblich von Ihrer Risikoabwägung ab. Fast alle Substanzen sind nie nur giftig, sondern haben weitere Eigenschaften, von denen manche für den Menschen bereichernd sein können, sodass das Risiko in Kauf genommen wird. In der Finanzwelt ist diese Metapher längst angekommen. Erwartet man von seiner Investition hohe Renditen, dann kommen diese mit einem Preis, und dieser Preis heißt Risiko. Risikoarme Anlagen bergen daher geringere Renditeerwartungen. Aber was ist mit der Übertragung der Metapher auf unser gesamtes Leben? Britney Spears meinte nicht, dass der Typ, über den sie in Toxic (2004) singt, dieselben Eigenschaften wie Asbest hat. Das englische Wort für giftig hat in den jüngeren Generationen bereits im Deutschen Adjektiv-Status. Es ist als negative Eigenschaft von Menschen zu verstehen, die besonders im Kontext von romantischen oder zwischenmenschlichen Beziehungen Eingang ins Gespräch findet. Manifestieren kann sie sich auf die verschiedensten Weisen, wie Menschen sich gegenseitig schaden können. Für Personen, denen der Begriff toxisch nicht geläufig ist, gibt es Begriffe wie: Übermäßige Kontrolle oder Eifersucht. Aber eine Nuance ist über Gift noch zu erwähnen. Es gibt Gifte, die nicht auf jeden Menschen gleich wirken. Wir können davon ausgehen, dass die meisten für jeden giftig sind, aber wie Obi Wan Kenobi sagte: "*Only a sith deals in absolutes.*"[96] Es scheint

[96] Das deutsche Zitat Kenobis traf für Hagemann nicht den Kern seiner Aussage. Die Worte fallen in *Star Wars: Episode III – Die*

angemessen zu sein, genau herauszufinden, was für einen persönlich giftig ist. Es mag schwierig sein, herauszufinden, dass das, was man lieben gelernt hat, nicht gut für einen ist. Aber eine wunderschöne, nach Rosen duftende Giftwolke haut einen dennoch um. Es wird Zeit, aus dem giftigen Nebel hinauszutreten und frische Luft zu schnappen. Erhöhen oder reduzieren Sie Ihre Exposition zum Gift der 100%-Regel entsprechend. Die Lücken, die durch die Abstinenz des Gifts entstehen, sind nicht mit neutralen, sondern mit wohltuenden Dingen zu füllen. Ehrlichkeit ist für dieses Unterfangen von zentraler Bedeutung. Rauchen, Pornografie oder Alkohol gehören zu den eindeutigen Giften dieser Welt. Korrumpieren Sie sich nicht selbst, indem Sie sich ständig Lügen erzählen. Irgendwann können Sie die Lügen nicht mehr von der Wahrheit unterscheiden. Bildung oder Krafttraining als Gift zu deklarieren und den ganzen Tag vor dem Bildschirm Videospiele zu spielen als den besten Zeitvertreib anzuerkennen, ist eine eingeschlagene Route, die ich nie einem guten Freund raten würde. Doch ich darf davon ausgehen, dass die von mir bereits aufgezeigte Lebensidee andere Vorstellungen von Gift hervorrufen und vor allem, welche Dinge Gegengifte darstellen.

Rache der Sith (George Lucas, 2005) kurz vor Kenobis Kampf mit Anakin Skywalker.

Jeder ist seines Glückes Schmied

Mit Uncharted 4: A Thief's End[97] ist für viele, zumindest für mich, die beste Videospielreihe zu Ende gegangen. Die Kombination aus Action, Witz, Rätselspaß, Story und wunderschöner Szenerie macht diese Spielreihe für mich einzigartig. Aber vor allem ist es für mich das Erleben alter Geschichten und Abenteuer. In *A Thief's End* entdeckt der Charakter Nathan Drake die Pläne von zwölf Piratenkapitänen, ihre Schätze zusammenzutun und ein Piratenutopia zu gründen. Dies geschah am Ende des 17. Jahrhunderts. Nachdem die Karte von Libertalia gefunden wird, macht er sich auf den Weg. Doch das Piratenparadies stellt sich als die Hölle heraus. Die Idee der völligen Freiheit ohne Musterung schien nicht aufzugehen. Wir finden im Spiel heraus, dass es Streitigkeiten und Mord unter den Piraten gab. Überrascht?

Nun wird die tatsächliche Existenz dieses Piratenparadieses sehr angezweifelt. Aber es ist nicht schwer, sich auszumalen, dass Piraten, die ihre autoritären Systeme verachteten, ihr eigenes Reich

[97] 2016 erschien dieses Computerspiel und beendete die Saga um den Hauptcharakter Nathan Drake, welcher als Erbe des Freibeuters Francis Drake gilt.

gründen wollten. Piraten streben nun mal nach Freiheit. Glaubwürdig ist zudem die Darstellung des Endes von Libertalia in Uncharted 4: A Thief's End. Eine Gesellschaft ganz ohne Regeln konnte nicht funktionieren, besonders nicht mit Piraten.

Das völlige Abtreten jeder Verantwortung für sein Glück an das Individuum scheint in seiner extremen Ausprägung Parallelen zur Geschichte von Libertalia zu zeigen. Genau dies meint das Sprichwort *Jeder ist seines Glückes Schmied.* Ich habe mit dem Piratenparadies begonnen, da dies eine Manifestation des Sprichwortes ist und zeigt, dass diese Idee in den verschiedensten Menschen gedeihen kann. Der andere Grund ist der geringe Interpretationsspielraum, der sich negativ auf die Länge dieses Aufsatzes auswirkt. Das Bild von Libertalia illustriert wunderbar, wenn auch übertrieben, den Irrtum der grenzenlosen Freiheit und damit der alleinigen Verantwortung in der Hand des Individuums. Den Einfluss des einen auf den anderen völlig zu verwerfen und zu ignorieren, erscheint bestenfalls naiv. In unserem Zeitalter sind die Faktoren, auf die das Individuum Einfluss hat, schwer zählbar. In welchem Land man geboren ist und in welcher finanziellen Situation die eigene Familie ist, sind maßgebliche Faktoren, um nur zwei zu nennen. Wie bereits in der Sprichwort-Analyse *Wo ein Wille ist, ist auch ein Weg* ist der Hinweis auf *Jeder ist seines Glückes Schmied* an eine unglückliche Person zu undifferenziert. Aber abgesehen davon muss ich dem Sprichwort zustimmen. Schmied ist ein anstrengender Beruf und dies korrespondiert mit der Schwierigkeit, sein eigenes Glück zu erschaffen. Außerdem zeigt uns das Sprichwort, dass das Warten auf andere Personen in den Sphären des persönlichen Glücks und der inneren Zufriedenheit ein aussichtsloses Unterfangen darstellt. Das Einnehmen der Opferrolle hat zwar manchmal eine gefühlte Berechtigung, doch weitergebracht hat es sicherlich noch niemanden. Es sind lebensverändernde Momente, wenn Menschen umsetzen, was das Sprichwort von ihnen verlangt. Wie die Schönheit ruft es uns dazu auf, mehr aus uns zu machen und etwas Großartiges zu schmieden. Uns wird eine Verantwortung übertragen, unter der die Schwachen zusammenbrechen mögen und die Helden zum Blühen bringt.

Ja, es wirken viele externe Faktoren auf uns ein. Natürlich. Aber in diesem Rahmen ist der Mensch aufgerufen, sein Glück selbst zu schmieden. Wer denn sonst? Und wer sagt, dass es nicht eine Möglichkeit gibt, seinen einengenden Rahmen zu sprengen und ihn für zukünftige Generationen obsolet zu machen?[98]

---

[98] Eine Referenz zu Hagemanns Buch *Normen* (2023).

Glas halb voll oder halb leer?

Für mich ist das Glas halb voll, da dies einfach die optimistische Sichtweise ist, die ich inne habe. Ich gucke mir lieber an, was ich noch übrig habe, und fokussiere meinen Blick nicht darauf, was ich schon alles verloren habe. Man kann aber auch sagen, dass das Glas halb geleert wurde. Oder anders ausgedrückt: Wir haben noch die Hälfte übrig, was irgendwie auch positive Aspekte hat, die man so betrachten kann.

Ob das Glas halb voll oder halb leer ist, hängt davon ab, in welcher Lebenssituation man sich gerade befindet. Wenn es einem gerade gut geht, ist das Glas halb voll, weil man das Negative nicht so sieht. Geht es einem schlecht, dann ist das Glas halb leer, weil man das Negative mehr beachtet. Wenn es einem schlecht geht, heitern einen gute Sachen weniger stark auf, als wenn es einem gerade gut gehen würde. Das halb leere Glas zu füllen, ist quasi schwerer als das halb volle Glas. Andersherum ist es leichter, das halb leere Glas zu leeren.

Das Glas ist halb voll, weil es besser klingt. Das Glas ist immer halb voll, denn was will man mit einem halb leeren Glas? Auf ein halb volles Glas kann man immer noch die andere Hälfte schütten. Man hat einfach mehr davon, die Sache so zu sehen: Wenn Dinge passieren und sie sind scheiße, dann zu wissen, es hat einen tieferen Grund, dass die Dinge sind, wie sie sind, auch wenn ich diesen Grund im Moment nicht erkennen kann. Vielleicht dauert es auch ein Jahr, bis ich das Positive entdecken kann, aber ich weiß gewiss, dass es einen positiven Aspekt gibt. Man muss das Glas halb voll sehen und folgendes im Kopf haben: Hey, in der Zukunft hat das, was gerade passiert, seinen Sinn. Sonst wird man einfach nicht glücklich.

Man könnte sowohl für halb voll als auch halb leer sehr gute Gründe anführen. Das Glas ist halb voll, weil das Leben enorm viele Möglichkeiten und Potenzial bietet, für sein eigenes Glück zu sorgen. Und das nicht nur finanziell, sondern auch, dass man seine eigenen Beziehungen zu anderen Menschen in der Hand hat. Man kann in sie investieren. Es liegt alles an einem selbst, wie man mit seinen Mitmenschen umgeht, wie sehr man sich in seinem Job bemüht. Allein dieses große Potenzial zu haben, dass man es ausnutzen könnte, wenn man sich anstrengt und will, macht das Glas halb voll.

Kann man als Person stets noch etwas Positives in negativen Situationen finden, dann ist das Glas für diese Person halb voll. Aber irgendetwas muss mit dem Glas passiert sein, sodass es jetzt 200 ml statt möglicherweise 400 ml Wasser oder gar kein Wasser enthält. Was ist also die Ausgangssituation? Wenn man ein volles Glas halb leer trinkt, ist es nun halb leer. Füllt man jedoch ein leeres Glas bis zur Hälfte mit Wasser, hat man ein halb volles Glas vor sich. Verlust lässt uns negativ denken und ein Gewinn stimmt uns positiv. Die eigene Lebenseinstellung zeigt sich, wenn uns ein zur Hälfte gefülltes Glas präsentiert wird. Die meisten Menschen, die das Glas dann als halb voll bezeichnen, haben den Blick auf das Positive gerichtet.[99]

[99] Dieser Essay ist ein Unikat. Er weist keine Ähnlichkeiten zu den anderen Essays Hagemann auf. Dies liegt daran, dass die verschiedenen Sichtweisen, durch Absätze getrennt, von vielen verschiedenen Personen stammen. Hagemanns zweites Buch wurde von ihm und seinen Freunden in ein Hörbuch verwandelt. Im Kontext dessen, ließ Hagemann seine Freunde mehrere Fragen beantworten, unter denen sich auch die Frage zur Meinung über die Fülle des Glases befand. Die Transkription wurde nicht an die Schriftsprache angepasst.

Jeden Tag eine gute Tat hält den Teufel auf Trab[100]

Der englische Titel Mans Search for Meaning von Viktor E. Frankls Trotzdem Ja zum Leben sagen (Originaltitel: Ein Psycholog erlebt das Konzentrationslager, 1946) fällt mit dem Thema des Buchs viel mehr mit der Tür ins Haus als der deutsche. Diese wunderschöne und gleichzeitig sehr traurige, fast schon philosophische Erklärung seiner Logotherapie macht Frankls Werk zu einem der bedeutsamsten, das ich bisher lesen durfte. Nach Frankl ist die Suche nach dem Sinn im Leben des Menschen die primäre Motivationskraft. Der Holocaust-Überlebende beschreibt in seinem Buch seine Erlebnisse in Gefangenschaft und stellt dar, wie man mit einem Sinn im Leben trotzdem ja zum Leben sagen kann und wird. Des Öfteren nutzt er Nietzsches Observation, um seinen Punkt zu unterstreichen: *Hat der Mensch ein Warum, erträgt er fast jedes Wie.* Es ist der feine Unterschied zwischen Sinn im Leben und Sinn des Lebens, den Frankl von der aktuellen Sinn-Diskussion in Medien, Literatur und Kunst insgesamt abhebt.

---

[100] Eine Abwandlung Hagemanns des englischen Sprichworts *An apple a day keeps the doctor away.*

Mit seinem Konzeptalbum basierend auf der Kurzgeschichte The Egg von Andy Weir (2009), hat Rapper Logic eine Diskussion mit Gott über den Sinn des Lebens in der Hip-Hop-Szene salonfähig gemacht[101]. Die Selfcare und Selflove Culture hat den Sinn des Lebens im Einklang mit sich selbst zu sein, für sich zu eigen gemacht. Es geht oft um Selbstakzeptanz und Selbstliebe. Diese Aspekte kommen in der Lehre von Frankl nicht vor. Es gibt mehrere Wege, die unsere Kultur einschlägt, wenn es um das ultimative Ziel der menschlichen Zufriedenheit geht. Sie beschreiben, möchte ich wie Kahneman in Thinking, Fast and Slow (2011) tat: *She spends most of her time engaged in activities that she would rather continue than stop, little time in situations she wishes to escape, and not too much time in a neutral state in which she would not care either way.*

Drei Wege möchte ich diskutieren, von denen zwei des Öfteren Themen in vorherigen Essays waren:

Der erste Weg findet in unserer Kultur und Kunst kaum Repräsentation. Aufmerksam wurde ich auf diesen Weg im Huberman Lab Podcast[102], in dem der Psychiater Dr. Paul Conti, M.D., sehr plastisch erklärt, wie wir auf mentale Gesundheit blicken

[101] Hageman meint hier das 2017 erschienene Album *Everybody.*
[102] Moderator des Podcasts ist Andrew Huberman. Die erste Episode wurde im Dezember 2020 veröffentlicht.

können. Menschen, die auf das Leben durch die Linse von Dankbarkeit und Selbstwirksamkeit schauen, leben wie die Person in Kahnemans Definition[103]. Es gibt viele Schubladen, die wir öffnen können, falls sich unser Leben nicht so gestaltet, wie wir es möchten. Viele Aspekte können den Weg hin zu Dankbarkeit und Selbstwirksamkeit hindern, so wie zum Beispiel negative Selbstgespräche, Trauma oder Abwehrmechanismen, die sich negativ manifestieren.

Der zweite Weg ist der Weg der Selbstliebe. Es geht darum, sein Selbst zu erkennen, seine Fehler anzuerkennen und sich trotz all dem zu lieben. Man kann nicht alles im Leben kontrollieren; wichtig ist, dies zu erkennen und das Beste aus allen Lebenssituationen zu machen. Eine zentrale Rolle spielt die Affirmation: Du bist gut genug. Man lernt, im Hier und Jetzt zu leben, sich nicht mit anderen zu vergleichen und nichts zu bereuen.

Der dritte Weg lässt sich sehr gut mit Frankls Lehre in Einklang bringen. Er geht, wenn auch nur schwach, in die Richtung der Hustle Culture. Zufriedenheit, Lebensstärke durch Sinn. Dieser Weg versteht das Leben als ein sehr schweres Unterfangen, das durch Leid gekennzeichnet ist. Man versteht sich nicht unbedingt als gut genug, sondern als

[103] Eine Interpretation Hagemanns.

verbesserungswürdig. Man übernimmt Verantwortung, hat die Idee der Waage mit pleasure und pain[104] in sein Leben integriert und richtet sich danach aus. Erst die Arbeit, dann das Vergnügen könnte das Motto dieses Weges sein. Verantwortung und Sinn (Verantwortung an sich gibt uns Sinn) geben den Menschen das, was sie brauchen, um dem Leid der Welt zu trotzen und trotzdem ja zum Leben zu sagen.

Weg eins und zwei, sowie andere Wege wie der der Religion, sind in unserer Kultur angekommen. Weg eins ist ein wissenschaftlicher Ansatz, der wahrscheinlich meist nur einzeln über Therapie zu den Menschen kommt. Zu unserer aller Ungunst erleben wir die Wege zwei und drei nie vereint. Die Hustle Culture und die Selflove-Selfcare-Culture kommen nicht zusammen, da sie zu unterschiedlich zu sein scheinen. Der eine Weg meint, man sei gut genug, der andere meint, man sollte sich stets verbessern. Man könnte meinen, bei dem einen Ansatz verfängt man sich in einem Hamsterrad der Selbstoptimierung und bei dem anderen stagniert man zu Tode.

Nun scheint mir das Offensichtliche in unserer Kultur noch nicht angekommen zu sein. Diese zwei Wege

[104] Hagemann erklärt dies erst in seinem Essay *Erst die Arbeit, dann das Vergnügen*. Hier wird deutlich, dass die Reihenfolge der Essays nicht durch das Datum, an dem sie geschrieben wurden, bestimmt wird.

sind nicht als Gegensätze zu sehen, sondern eher als Etappen. Als erste Etappe steht der Weg der Selbstliebe. Grundbasis der mentalen Gesundheit ist das Erkennen des intrinsischen Wertes des Selbst. Man ist als Mensch gut genug. Man hat einen Wert und die eigene Abwesenheit würde ein großes Loch in das Universum reißen. Man vergleicht sich nicht mit anderen in dem Sinne, dass man sich mit anderen auch vergleichen kann, ohne dabei an Selbstwertgefühl zu verlieren. Man sieht sein Leben grundsätzlich als lebenswert an.

Danach kommt Etappe zwei ins Spiel. Wie Frankl erkannt hat, ist es vor allem der Sinn im Leben, der uns die Macht gibt, die Tragödien des Lebens zu überstehen. Man sucht nicht mehr die Abkürzung zum schnellen Glück, sondern findet es nachhaltig in sinnstiftenden Taten. Zentral ist das Verständnis, dass man gleichzeitig gut genug und nicht gut genug sein kann. Gut genug als Erkenntnis des intrinsischen Werts und nicht gut genug als Erkenntnis des Potenzials und dem zur Selbstliebe zu addierenden Sinn. Hiermit ist folgende Ideen zu verbinden, die in diesem Buch maßgeblich exploriert wurde: Unser Streben zum höchsten uns vorstellbaren Gut, das Erkennen des Bösen und das Erlangen von Stärke, die wir unter Kontrolle haben. Unser Mut, in einer Welt voller Schlangen zu vertrauen und ultimativ unsere Entwicklung zum Helden, der seinem Drachen entgegentritt. Sie erinnern sich an den Krieger im Garten? Wir alle kämpfen gegen Drachen unterschiedlicher Größen. Nun ist unser Leben nicht schwarz-weiß. Manche Drachen besiegen wir und überwinden Widrigkeiten. Manche Drachen im Leben sind so groß, dass ihr Niedergang manchmal unmöglich scheint. Die Drachen terrorisieren uns ein Leben lang oder zumindest für eine sehr lange Zeit. Zu bewundern sind die Menschen, die tapfer jeden Tag ihren Kampf beschreiten, ohne dabei verbittert und zynisch zu werden. Es mag unfair erscheinen, einen unbesiegbaren Drachen vom Schicksal zugelost zu bekommen. Die Frage, nachdem: Wieso ich?, scheint berechtigt. Unsere Helden haben sich diese Frage auch gestellt, doch was sie am Ende zu Helden machte, war die Annahme der Herausforderung.

Suizid wird häufig feige genannt. In dem Kontext, den wir bereits besprochen haben, dass es die Hölle ist, die schlimmer ist als der Tod, stimmt diese Aussage. Chronische Krankheiten, Krebs sind riesige (unbesiegbare) Drachen. Die Charakterstärke eines Menschen zeigt sich in ihrem Lebensweg, den sie trotz des Drachen gehen. Starke Menschen tragen ihr Kreuz[105] ohne dabei zynisch, verbittert, hasserfüllt, rachsüchtig oder ähnliches zu werden. Auch wenn es verdammt schwer wird, ertragen sie die Hölle. Haben sie einen Sinn, ein warum, dann ertragen sie jedes wie, jeden Drachen, jedes Kreuz. Sie gehen ihren Weg nobel, tapfer und mit erhobenem Haupt.

---

[105] Eine Anspielung auf den Kreuzweg Jesu.

Wir müssen zwischen Leiden und Verzweifeln unterscheiden. Ein Leiden mag unheilbar sein, aber der Patient verzweifelt erst dann, wenn er im Leiden keinen Sinn mehr sehen kann. Viktor E. Frankl

Erst die Arbeit, dann das Vergnügen

Das Sprichwort erinnert mich stets an die Zeit, in der Hausaufgaben meine größten Sorgen waren. Das Vergnügen der Kinderzeit stand hinten an, da die Hausaufgaben zuerst erledigt werden mussten. Hatte es am Freitag Hausaufgaben gegeben und sie wurden nicht sofort erledigt, quälte einen das schlechte Gewissen über das gesamte Wochenende hinweg, weil, dass der fiese Sonntag kommen würde, an dem man sein geliehenes Glück zurückgeben musste. War man als Kind schon weise genug, auf die Ratschläge der Eltern zu hören, wurden zuerst die Hausaufgaben gemacht. Man lieh sich kein Glück aus der Zukunft, sondern brachte eher Geld zur Bank. Nachdem die Verbindlichkeiten vollbracht waren, zahlte die Bank über das gesamte Wochenende Glück in Form von Zinsen aus.

Ein großer Bestandteil des Erwachsenwerdens ist das Konzept, an die Zukunft zu glauben. Wir können die Zukunft nicht messen; jetzt gerade ist sie nicht da, aber wir handeln, als ob sie real ist[106]. Man fängt als

[106] In Hagemanns Notizen findet sich folgende Konversation aus *Harry Potter and the Deathly Hallows: Part 2* (David Yates, 2011):

Kind an, sein Taschengeld zu sparen, um sich in der Zukunft vom kumulierten Geld mehr leisten zu können. Die Psychologie nennt es den Belohnungsaufschub. Man verzichtet heute auf eine kleine Belohnung und erarbeitet sich entweder wortwörtlich oder durch Warten eine größere Belohnung in der Zukunft. Es ist hart, sein Taschengeld anzusparen, aber es lohnt sich. Es ist hart, zuerst seine Hausaufgaben zu machen, aber es lohnt sich. Das meint *Erst die Arbeit, dann das Vergnügen*.

Aber dieses Sprichwort verrät uns das große Geheimnis bzw. die große Wahrheit, die wir hier in diesem Buch stets behandelt haben. Erst die Arbeit, dann das Vergnügen stimmt neurobiologisch, metaphysisch und praktisch. Den praktischen Teil habe ich soeben bereits erklärt. Mit metaphysisch sind alle meine Beschreibungen zu den Fundamenten und allgemeinen Strukturen von gut und böse und stark und schwach gemeint. Nun lassen Sie mich nur noch erklären, wie die Idee des Sprichworts in unseren neuronalen Schaltkreisen sich als wahr beweist. Anna Lembke hat mit ihrem Buch Dopamin Nation (2021) das perfekte Bild nicht nur für die neuronalen Abläufe im Zusammenhang mit Dopamin

---

Harry Potter: Is this real? Or has this been happening inside my head?
Professor Albus Dumbledore: Of course it is happening inside your head, Harry, but why on earth should that mean that it is not real?

aufgezeigt, sondern auch für unser Sprichwort gezeichnet. Auf der einen Seite der Wippe stehen die Freude und andere Wörter, die wir damit assoziieren. Auf der anderen steht der Schmerz mit seinen Assoziationen. Im Englischen sprechen wir von pleasure und pain. Sie beschreibt in ihrem Buch die Funktionsweise von Dopamin, das allgemein als Glückshormon bekannt ist, aber eher als Belohnungshormon für die Antriebssteigerung zu verstehen ist. Lembke führt aus, dass die Ausrichtung der Waage von unseren Handlungen abhängig ist. Und hier kommt das Sprichwort ins Spiel. Denn es ist keinesfalls so, dass wir die Waage immer auf der Freudenseite halten können, zum Beispiel durch Sex, Schokolade oder Drogen. Der Clou ist, dass das System flippt. Sprich, die Freude bleibt nie für immer Freude, sondern wird unweigerlich zum Schmerz, und anders herum, wobei Freude das positive und Schmerz das negative Erleben repräsentiert[107]. Kokain lässt zum Beispiel den Dopaminspiegel extrem schnell in die Höhe steigen. Die Zeit zwischen Stimulus und Dopaminanstieg ist sehr gering. Das System *lernt*, dass Kokain, extrem viel Dopamin bedeutet, also Gefühle von Euphorie, etc. Dies verstärkt das Verlangen des Systems nach immer mehr schnellen Dopaminhits. Je höher die Spitze und je schneller diese erreicht wird, desto tiefer fällt

---

[107] Die folgenden Ausführung verstand Hagemann besonders durch den bereits erwähnten *Huberman Lab Podcast*.

Dopamin unter seine Basislinie. Dieser Tiefgang triggert das Verlangen nach mehr. Ist Dopamin unter seiner Basislinie, erleben wir Gefühle, die wir mit Schmerz assoziieren. Nun ist es auch so, dass nachdem Dopamin nach der ersten Spitze unter seine Basislinie gefallen ist und unser Verlangen ausgelöst wurde, die zweite durch Kokain ausgelöste Spitze nie so hoch sein wird wie die erste. Die Spitzen fallen progressiv geringer aus, und die Tiefen werden immer tiefer. Man verfällt in eine Abwärtsspirale, und das System flippt. Die Dauer, die zwischen Stimulus und Dopaminanstieg liegt, ist von großer Bedeutung. Kurze Abstände, assoziiert mit Kokain, verstärken das Verlangen nach kurzen, nennen wir es billigen Abständen, die eben vor allem mit Drogen zu erreichen sind. Es wird schwerer, Dinge zu verfolgen, die eine lange Zeit in Anspruch nehmen. Ich nenne diese schnellen Hits an Dopamin billig, da sie leicht, ja zu leicht, zu erreichen sind. Was wir wirklich wollen, ist ein guter, aber vor allem konstanter Anstieg bzw. eine konstante Anhebung des Dopamins, was keinen Crash nach unten verursacht. Für grundlegende Motivation brauchen wir ein gesundes Maß an Dopamin als Basislinie, also einen Anstieg an Dopamin, der länger als eine Stunde anhält und nicht nach wenigen Minuten oder innerhalb einer Stunde fällt. Erreichen können wir dies nicht durch billige Tricks, sondern durch unseren Einsatz und etwas harte Arbeit. Ausreichend Schlaf, gesunde Ernährung, ein regelmäßiges

Trainingsprogramm und Sonnenlichtexposition. Es bedarf Disziplin und Anstrengung, alle Faktoren alle 24 Stunden zu meistern. Sich bis zum Hals kaltem Wasser aussetzen – extrem schwer, aber diese Kälteexposition verleiht einen Anstieg der Dopaminbasislinie für bis zu vier oder fünf Stunden. Extrem schwer am Anfang, aber danach folgt die Belohnung. Wir sind bei der zweiten Instanz angekommen, in der das System flippt. Wir setzen uns kaltem Wasser aus und werden mit einem konstanten Anstieg des Dopamins belohnt. Die Wippe flippt vom Schmerz zur Freude.

Erst die Arbeit, dann das Vergnügen. Alles, was einfach daher kommt, wird sehr wahrscheinlich keine langfristige Zufriedenheit herstellen. Lügen, mental und körperlich schwach sein, betrügen, feige sein – alles im ersten Moment einfach und belohnend. Sich von der Wahrheit leiten lassen, sich mental und körperlich stark machen, Mut besitzen – diese Dinge verlangen uns einiges ab, doch für ein sinnstiftendes Leben sind sie unerlässlich. Dies lernen wir nicht nur durch unser Dopaminsystem oder durch die Konfrontation mit dem schlechten Gewissen durch die nicht gemachten Hausaufgaben. Diese Lehre ist tief in uns verankert und spiegelt sich durch die verschiedensten Ausprägungen in unserer Kunst wider. Der Blick zu den alten Weisheiten, die seit Jahrhunderten in unseren Gemälden und Geschichten verweilen, ist wohl der einzige

Rückblick, der uns beim Gehen unseres Wegs in die Zukunft hilfreich ist.

In Wells *Die ersten Menschen im Mond*[108] hinterfragte Mr. Bedford die Motivation der Menschen, sich nicht mit Sicherheit und Ruhe zufrieden zu geben und sich stets angetrieben zu finden unvernünftige Dinge zu tun. Dies stellt er dem Streben nach Glück gegenüber. Ich stellte fest, dass dies genau sein Trugschluss ist. Sein wahres Glück findet der Mensch nicht im Liegen im Sessel und dem verspeisen von Torten. Zufriendenheit erschließt sich aus den Abenteuern, den der Mensch beim Kampf mit den Drachen erlebt.
Doktor Frankensteins Retter beschrieb es im ersten Brief an seine Schwester wie folgt:
Ich werde meine unersättliche Neugier durch den Anblick eines Weltteils befriedigen, der nie zuvor besucht worden ist, und setze vielleicht meinen Fuß auf den Boden eines Landes, das noch kein einziger betreten hat. Darin besteht für mich die Verlockung und sie ist so groß, dass sie mich alle Furcht vor Gefahr und Tod überwinden lässt und mich dazu bewegt diese mühsame Reise mit dem Glückgefühl zu beginnen [...]. [...] ich spüre wie sich mein Herz mit einer Begeisterung füllt, die mich ins Unendliche erhebt, denn nichts trägt so sehr dazu bei, das Gemüt zu

---

[108] Hagemann meint hier den englischen Schriftsteller H. G. Wells. Der Originaltitel *The First Men in the Moon* erschien im Jahr 1901. Wells gilt als Pionier des Science-Fiction.

beruhigen wie ein fester Vorsatz – ein Ziel, das unverrückbar vor dem innrerem Auge steht.

Frankensteins Monster erkannte den Unterschied zwischen Tugendhafitigkeit und dem Bösartigem und offeriert zwei Wege, für deren einschlagen es sich zu entscheiden gilt: *Ein großer tugendhafter Mann zu werden, schien mir die höchste Würde, die ein denkendes Wesen erringen konnte; bösartig und gemein zu sein dagegen, wie es den Zeugnisen nach viele Menschen gewesen sind, schien die allertiefste Erniedrigung zu sein […].*[109]

Hinzuzufügen vermag ich nur meine eigene Unfähigkeit[110], diese Weisheit nicht in einen annähernd wunderbaren Satz kleiden zu können, wie es Shelly vollbrachte, dem Monster diese Gunst zu erweisen. Es brauchte meine volle Aufmerksamkeit und etliche Aufsätze, um den Leser bis zu dieser Schlussforderung zu begleiten, sodass er mit den

---

[109] Hagemann zitiert hier seine Ausgabe des Klassikers *Frankenstein oder der moderne Prometheus* von Mary Shelley aus dem Jahr 1818.

[110] Eine Rarität Hagemanns sich in seinen Texten derart demütig zu zeigen. Seiner Auffassung nach ist in der literarischen Kunst, der Künstler zu entbehren. Es ginge dem wahren Künstler einzig und allein um die Kunst. Seine Person sollte dabei völlig außeracht gelassen werden. Er würdig hier das Vermächtnis, welches Shelley geschaffen hat. Eindeutig fühlt er sich den Größen der Literaturgeschichte nicht gewachsen und zollt Ihnen, mit diesem Werk ganz grundsätzlich, Ihren Respekt.

Ideen der Boshafitgkeit und Tugend etwas anzufangen weiß. Der rote Teppich ist ausgerollt. Es kommt der Punkt, an dem es sich zu entscheiden gilt. Ist Ihre Überzeugung groß genug, den Weg einzuschlagen, der die höchste Würde, die ein denkendes Wesen zu erringen vermag, bereit hält?

Was is hard? Yes. Was it worth it? Absolutely.

Auch wenn ich diesen Satz aus dem englischen nur einmal in einem Video, dieses Video dafür öfters, gehört habe, und dieser nicht unbedingt als Phrase anzuerkennen ist, erhält er durch seine inhaltliche Bedeutung in diesem Kontext eine eigene Ausführung. Denn die Grundidee meiner vor Monaten geschriebenen Essays erhält durch diese Phrase seinen krönenden Abschluss[111]: Das Warum. Die Drachen unserer Kindheit haben uns misshandelt, die Drachen unserer Gegenwart haben eine dicke Haut und wer kann schon mit Sicherheit sagen, dass die Drachen nicht noch bedrohlicher werden? Seinen Charakter zu formen, dem sich höchsten vorstellbaren Gut verschreiben und zum Helden zu werden, sind im Kampf Schwert und Schild in unseren Händen. Doch ist es nicht völlig in Ordnung für die Menschen, die die bittersten Schicksale haben, den Drachen zu erliegen?

---

[111] Zum Abschluss dieses Werks begeht Hagemann einen Stilbruch, indem er eine von ihm vorgestellte Phrase nicht wie sonst ausführt, sondern diese als Anlass nutzt ein Schlusswort zu schreiben, in dem er die bereits verfassten Essays erwähnt, die vorher lediglich als diese zu erkennen sind.

Auf den ersten Blick lautet die Antwort Ja. Nehmen Sie jede mögliche Situation, die den Menschen in Verbitterung, Rachsucht, Selbstmitleid o.Ä. verfallen lässt und schreiben sie diesem Menschen das Recht ab, diesen Begriffen zu unterliegen. Sie würden verkennen, dass wir in diesem Buch von einer Heldenreise reden. Anders als in so vielen fiktiven Narrativen entwickelt sich der Mensch nicht von jetzt auf gleich. Wir sind keine Pokémon, Digimon, Transformers, Power Rangers, kein Dracula oder der Hulk.
In der finalen Analyse der Frage erscheint mir jedoch ein Nein als Antwort unausweichlich. Wenngleich meine vorherigen Beschreibungen zutreffen, ist der Mensch moralisch dazu aufgerufen, den Kopf zu heben und ein Gut anzuvisieren, dass ihn aus der Gefangenschaft der Drachen befreit. Verbitterung, Rachsucht und Selbstmitleid sind Symptome einer kranken Moral. Auf den ersten Blick lautet die Antwort Ja, da wir nun mal sterbliche Wesen sind, die alle ihre Fehler haben. Der Punkt ist, sich den schweren Schicksalen entgegenzustellen. Wir werden nicht plötzlich 30 Jahre alt und erhalten alle heldenhaften Tugenden. Wir begeben uns auf die Heldenreise, sobald wir erkennen, dass wir es wert sind. Lassen Sie mich Jordan B. Peterson zitieren:
It´s not okay for you to be a weak loser. It´s not okay. And the reason its not okay is because you could be way more than that. And it´s a crime, an ethical crime for you to allow all that neccesary potential to go to waste. It hurts

you, it hurts your family, it hurts the world. Really. Really, it does.[112]

Vermeiden Sie es in den moralischen Abgrund zu fallen. Dieser würde für mich in etwa so aussehen: Ich wurde als Kind misshandelt, meine Eltern sind todkrank. Dies lässt mich verzweifeln, was mich verbittert macht. Da mein Leben eine Tragödie ist, habe ich die moralische Absolution, meine Verbitterung zu manifestieren und andere Menschen ebenfalls Leid erfahren zu lassen.
Gigantische Drachen, schreckliche Schicksale lassen Gräueltaten verständlich, aber nie gerechtfertigt erscheinen. Da wir empathiefähig sind, können wir solche Menschen verstehen, aber ihre Taten nie gutheißen. Es sind die Menschen, die trotz all den unfassbar traurigen Dingen, die ihnen passiert sind oder passieren, mit erhobenem Haupt ein tugendhaftes Leben führen, zu denen wir aufsehen und das zu Recht. Dieser noble Weg ist kein leichter, doch diese Heldenreise erscheint mir der wahre Weg, den der Mensch berufen ist zu gehen. Die Welt wartet auf unseren Beitrag, den wir auf diesem Weg leisten werden.

---

[112] Hagemann zitiert Jordan B. Peterson im Interview mit Dr. Oz. Zu finden auf YouTube: *Jordan Peterson Discusses the Rules to Live By | Dr. Oz Full Episode* von *DoctorOz* (17.04.2023).

Stay down, develop, go through what you got to go through and stay consistent and you will get there. That´s the main theme through every success story. They´ve stayed down, went through the process, went through the pains, went through the struggles and they ended up where they wanted to be. Was it hard? Yes. Was it worth it? Absolutely.[113]

---

[113] Hagemann liefert hier die Worte, die dem Titelzitat des Essay vorangehen. Zu finden ist das erwähnte Video auf YouTube: *TRASH or PASS! Logic (Metropolis) [REACTION!!!]* von *LayedBakDFR* (07.10.2019).

E

N

D

E

Nachwort des Autors

Der Planet Erde ist das Zuhause der verschiedensten Lebensformen. Eine davon ist der Mensch, welcher von sich selbst denkt, er sei allen anderen aufgrund seiner kognitiven Fähigkeiten überlegen. Vielleicht stimmt dieser Gedanke. Zumindest scheint der Mensch die einzige Lebensform zu sein, die eine Idee vom Leben zu haben scheint, welche über Essen und Fortpflanzung hinausgeht. Diese Idee drückt der Mensch in den unterschiedlichsten Formen aus – eine davon nennen wir Kunst. Darüber hinaus hat sich der Mensch in Kulturen zusammengetan. Kulturen, die historisch gewachsen sind und sich seit der Globalisierung immer mehr begegnen, kennenlernen und zusammenschmelzen. Auch wenn Kulturen unterschiedlich sind, transportiert die Kunst das, was uns verbindet. Es liegt an uns, mit offenem Herzen und offenen Augen über den Planten zu wandeln.

Eine Wahrheit, die aus der Kunst und der Kultur hervortritt, wird in diesem Buch oft behandelt:

Die Welt wird beherbergt von Schlangen und Drachen. Doch dies muss keine deprimierende Nachricht sein, denn der Drache hortet in seiner Höhle das Gold, welches die Welt zu bieten hat. Die Chance des Menschen, sich zum Helden zu entwickeln, liegt vor ihm, er muss sie nur ergreifen.

Das Flammenschwert muss ihn schnitzen, der Abgrund muss in ihn zurückstarren bis er das Licht sieht. Und zum Monster muss er werden, fähig dieses zu kontrollieren. Es werden harte Arbeit, Einsatz, Courage gefordert, sie müssen an den Toren des Paradieses gezahlt werden. Die Hustle-Kultur und die Kultur rund um Selfcare und Selflove sind keine Gegensätze zweier Sichtweisen auf das Leben. Sie repräsentieren verschiedene Stufen in der Entwicklung zum Helden. Als Basis steht das Verständnis des intrinsischen Werts des Selbst. Es braucht Demut, Empowerment, Dankbarkeit und Selbstwirksamkeit. Der Glaube an sich selbst und an den Helden, an ein Ideal, an Gott lässt den Menschen gen Zukunft schreiten. Diese Basis lässt den Menschen in den Abgrund starren. Diese Zuversicht lässt den Menschen die Schmerzen ertragen, die unweigerlich durch das Flammenschwert entstehen. Wie der Phönix aus der Asche bleibt ein Mensch übrig, der frei von Feigheit und Arroganz ist. Er hat die Macht der Held zu sein, der den Drachen besiegen kann. Es bedarf Mut und das Aufnehmen von Verantwortung für die eigene Heldenreise. Durch sie wird der Weg auf dem wir wandeln zu einem noblen.

Nun gibt es die verschiedensten Worte und Ausdrücken, um das Phänomen unserer Widersacher zu beschreiben. Für eine lange Zeit war es der Teufel, in der Literatur und bildlichen Kunst meist Drachen und Schlangen, doch es es schlicht egal, welche

Maske diese Entitäten aufsetzen. Wichtig ist es, sie erkennen zu können. Ob nun der Gärtner im Krieg, Juice Wrld im Kampf mit seinen Dämonen oder Bilbo gegen den Drachen Smaug. Die Alchemisten beschrieben es mit *In sterquiliniis invenitur* und sie hatten recht. Die Potenziale der Welt liegen hinter diesen Drachen. Sie exisitieren für uns alle, einige kleine und wenige große und einzelne scheinbar unbesiegbare. Wie würde nun unser aller Leben aussehen, wenn wir uns der Überzeugung hingeben würden, dass es nicht nur sinnvoll wäre, zum Helden zu werden, sondern dass wir dazu aufgerufen sind, dies zu tun. Wir schulden es nicht nur uns selbst, sondern allen, die uns lieb sind, einen guten und starken Charakter zu entwickeln, damit wir den bösen Mächten nicht erliegen und ihnen viel mehr die Stirn bieten können. Es wurden einige Szenarien aufgezeigt, die Hinweise auf die Heldenreise bieten. Die Drachen sind nicht unbesiegbar. Es ist das Abenteuer unseres Lebens, den Weg zu beschreiten, der es uns ermöglicht, das Gold, welches uns zu steht, in unseren Besitz zu bringen. Diesen Weg zu gehen und dieses Abenteuer zu erleben ist eine Verhaltensweise, die allen Menschen zu gute kommt. Seien Sie davon überzeugt, dass die Welt ihren Einsatz braucht. Die Welt wäre ein besserer Ort, wenn jeder einzelne von uns erkennen würde, wie bedeutsam jede einzelne Heldenreise ist.

Helden haben Probleme, Helden straucheln und brauchen manchmal die Hilfe von anderen. Aber

Helden haben Freunde, die nie von ihrer Seite weichen, egal wie aussichtslos eine Situation, wie mächtig ein Drache zu sein scheint. Helden sind tapfer und starkt. Sie fallen niemanden in den Rücken, haben den Mut die Wahrheit, ungeachtet der kurzfristien Konsequenzen, zu sagen. Helden werden nicht von ihrer Arroganz oder ihrem Hochmut zurückgehalten, nocht stellt ihnen ihre Naivität Fallen. Sie beschreiten den schweren Weg des Leben, auf dem sie Drachen begegen, doch sie schrecken nicht zurück. Es ist ein nobler Weg, welcher denen offen steht, die sich dazu entscheiden, ihn ebenfalls zu gehen. Er wird von Schlangen bewohnt, doch nur er ist es, der dem Menschen alles zu bieten hat. Die Idee ist also folgende: Ja, das Leben ist voller Schlangen und Drachen. Ja, die Probleme sind so schlimm wie sie scheinen. Nein, wir alle haben ein schwieriges Leben und Drachen vor denen wir Angst haben. Im Nest dieses Pesimismus liegt der Optimismus. Ja, die Probleme sind so schlimm, wie Sie denken. Aber Sie sind mehr als Sie denken. Sie sind die noch nicht fertig gemeißelte David-Statue. Und der beste Weg gen Zukunft, ist der Weg, der uns zu unserem selbstdefinierten höchsten Ideal, zu Gott führt. In anderen Worten: Den Meißel in die Hand zu nehmen und anzufangen den Stein in Form zu schlagen. Erinnern Sie sich an das lodernde Flammenschwert, welches den Eingang zum Paradies bewacht und die Spreu vom Weizen trennt? Das ist die Idee.

Je mehr Menschen sich dieser Idee verschreiben, desto mehr wird diese zum Standard einer Grundgesamtheit. Welche Potenziale hätte unser Welt, wenn diese Idee zur Norm wird? Durch mein Buch Normen haben wir erfahren, dass es im ersten Schritt nicht die Entscheidung für oder gegen die Norm ist, sondern vielmehr die begründete, in Argumenten gefestigte Entscheidung für oder gegen die Norm. Die Argumente sind es, die in erster Linie unsere Entscheidung beeinflussen sollten. Demnach gibt es Normen, deren Befolgung eine rationale und gute Entscheidung ist, da das schiere Gewicht an Pro-Argumetnen dies konstiuiert. In diesem Werk legte ich eine Reihe an Pro-Argumenten für das Beschreiten der Heldenreise dar. Außerdem wurde aufgezeigt, welche negativen Konsequenzen zu erwarten sind, wenn dieser Weg nicht beschritten wird.

Die Heldenreise, das Abenteuer wartet. Sind Sie bereit?